Titus Müller / Roland Ahl

TAUCHREISEFÜHRER DEUTSCHLAND
DER SÜDEN

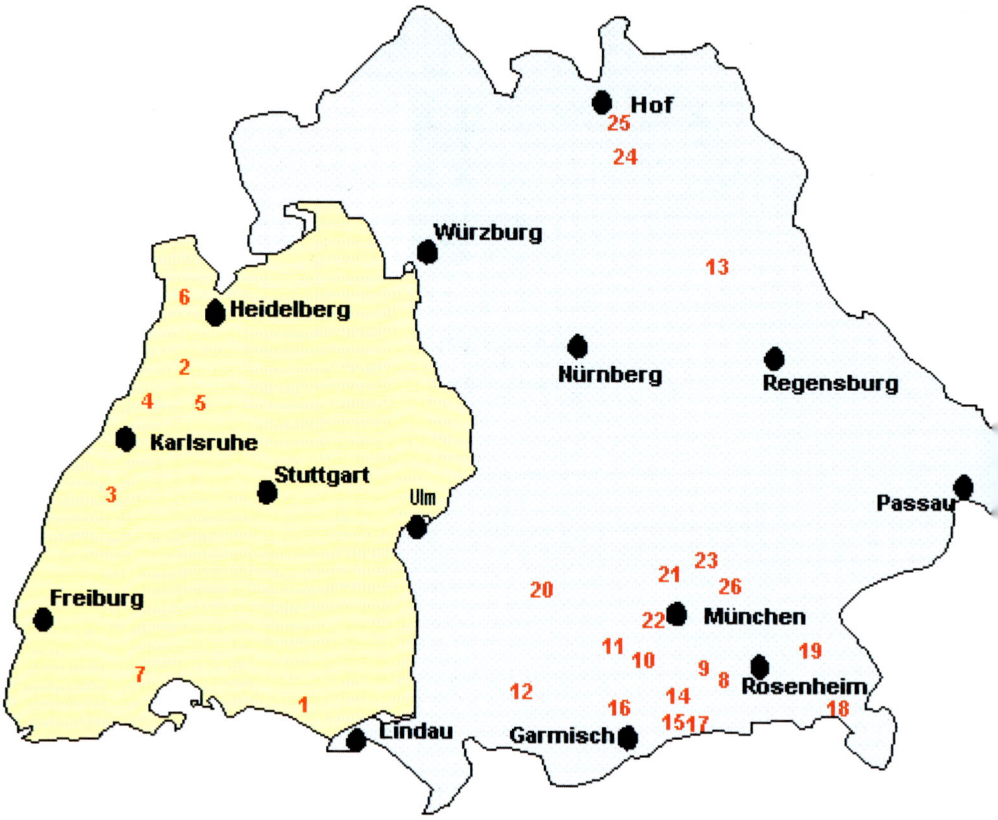

Hof
25
24
Würzburg
13
6
Heidelberg
Nürnberg
Regensburg
2
4
5
Karlsruhe
Stuttgart
Ulm
3
Passau
23
21
26
20
Freiburg
22
München
11
10
19
9
8
Rosenheim
7
12
14
16
18
1
15
17
Lindau
Garmisch

Titus Müller / Roland Ahl

TAUCHREISEFÜHRER DEUTSCHLAND DER SÜDEN

Bayern
Baden-Württemberg

Delius Klasing
EDITION NAGLSCHMID

Die Deutsche Bibliothek – CIP-Einheitsaufnahme

Müller, Titus:
Tauchreiseführer Deutschland – Der Süden /
Titus Müller / Roland Ahl. / Bielefeld: Delius Klasing;
Stuttgart: Edition Naglschmid, 2000
(Tauchreiseführer; Bd. 28)
ISBN 3-89594-075-5

1. Auflage
ISBN 3-89594-075-5

Herausgeber: Dr. Friedrich Naglschmid
Gestaltung: Stephanie Naglschmid / MTi-Press, Stuttgart
Fotos (einschl. Titel): Titus Müller / MTi-Press, Stuttgart
Karten: Roland Ahl / MTi-Press, Stuttgart
Druck: Kunst- und Werbedruck, Bad Oeynhausen
Printed in Germany 2000

Vertrieb: Delius Klasing Verlag, Siekerwall 21, D-33602 Bielefeld
Tel. 0521/559-0, Fax 0521/559-113
e-mail: info@delius-klasing.de
http://www.delius-klasing.de

Inhalt

PARKPLATZ

TAUCHPLATZ

FÜLLSTATION
TAUCHSHOP

TAUCHVERBOT

Vorwort

Tauchen in Deutschland ist nicht so einfach, wie man sich das landläufig wünschen würde. Gerade im Süden von Deutschland, wo die Seen oft sehr klar und reizvoll in die Landschaft eingebettet sind, stolpert man über behördliche Allgemeinverfügungen und Tauchverbote, was eigentlich sehr schade ist, bei einem so abwechslungsreichen Tauchrevier vor der Haustür. In Baden-Württemberg darf man überall dort tauchen, wo kein ausdrückliches Tauchverbot aus Naturschutzgründen besteht oder private Interessen der Gewässereigentümer oder Pächter dagegenstehen. Oftmals sind aber SporttaucherInnen auch selbst an der teilweise verfahrenen Situation schuld, indem sie gedankenlos und ohne an die Umwelt und andere Mitmenschen zu denken ihrem Hobby nachgehen.
Ohne je an die Folgen zu denken, wird in großen Gruppen an idyllischen Tauchseen eingefallen. Dies sollte man sich immer wieder vor Augen führen, wenn man in heimischen Gewässern zum Tauchen geht, denn eine intakte Umwelt, in der dieser faszinierende Sport ausgeübt wird, muss im Interesse aller auch erhalten bleiben.
Oftmals sind die beschriebenen Gewässer nicht gerade die größten, aber dennoch findet hier im Süden von Deutschland jeder etwas, was ihn beim Tauchen und Schnorcheln begeistert. Es gibt nicht nur im Indischen Ozean oder im Roten Meer viele schöne und faszinierende Dinge zu entdecken, sondern auch direkt vor unserer Haustür, ohne dass gleich eine zweiwöchige Fernreise gebucht werden muss. Es herrschen natürlich andere Wassertemperaturen als in tropischen Meeren. Die Tauchindustrie hat geeignete Anzüge und Ausrüstungen für diese Gewässer entwickelt. Wir glauben, dass es jeder, der einmal mit offenen Augen in unseren heimischen Gewässern getaucht hat, immer wieder versuchen wird, etwas Neues in unseren Gewässern zu entdecken.
Die Angaben über die aktuelle Situation der Tauchgenehmigungen und Allgemeinverfügungen können sich schneller ändern als einem lieb ist, deshalb sind alle Angaben ohne Gewähr. Jeder sollte sich im eigenen und im Interesse aller verantwortungsbewusst vor dem Tauchen bei den zuständigen Stellen erkundigen, um Unstimmigkeiten zwischen Behörden und der Spezies Sporttaucher zu vermeiden. Eine Hilfe finden Sie auch unter www.divemaster.de.

Titus Müller
Roland Ahl

Sommer 2000

Computergrafik: Süßwasserimpression

1. Bodensee

Seehöhe 395 m ü. N.N., max. Tiefe 252 m

Anfahrt

Von München über Memmingen über die A 96 München–Lindau bis nach Lindau und weiter am See entlang auf der B 31 Richtung Meersburg und Konstanz. Von Stuttgart aus über die A 81 Richtung Stockach an den See. Wer von Österreich kommt, fährt über die A 14, die Inntalautobahn Richtung Bregenz / Lindau. Aus der Schweiz gelangt man an das Südufer über die N 1 oder die N 13 an den See.

Beschreibung

Bei einem Blick auf Europa in einem Weltatlas wird man feststellen, dass im Süden von Deutschland eine große Wasserfläche zu sehen ist. Diese Tatsache zeigt schon die enorme Größe des Bodensees. Er ist in Europa mit 539 Quadratkilometern der drittgrößte Binnensee und Deutschlands größtes Binnengewässer. Weitere Anrainerstaaten sind die Schweiz und Österreich, denen vom See 234 Quadratkilometer gehören. Der See ist in drei Teile eingeteilt, nämlich den Ober-, Unter- und den Überlingersee.

Der Obersee nimmt den größten Teil ein, wo sich auch zwischen Immenstaad und Romanshorn die größte Tiefe von 252 m befindet. Der Überlingersee mit einer maximalen Tiefe von „nur 150 m" ist hingegen das Eldorado für die Taucher, die sich hier aus ganz Deutschland regelmäßig einfinden, um ihrem Hobby nachzugehen und um für einen geringen finanziellen Aufwand ein grenzenloses Tauchvergnügen zu bekommen. Aber Vorsicht, nicht alle Tauchstellen im Bodensee sind unbedingt für Anfänger geeignet. Man sollte schon einige Süßwassererfahrung mitbringen, um hier sicher zu tauchen. Diejenigen, die sich noch nicht so sicher fühlen, sollten sich einer der ansässigen Tauchschulen anschließen und geführte Tauchgänge unternehmen oder die Tauchplätze ansteuern, die auch anfängertauglich sind. Das Besondere hier sind die zum Teil extremen Steilwände mit der im Winter besonders guten Sicht von teilweise über 20 m, eine nicht zu unterschätzende Gefahr, die einen schnell vergessen lässt, dass man sich bereits auf 30 m befindet und der Weg nach oben doch schon recht weit ist.

Zwischen Bregenz und Rorschach fließt der Rhein in den Bodensee und verlässt ihn wieder in Stein am Rhein am Untersee an der Schweizer Grenze. Dieser Zufluss bringt fast 75 % des in den Bodensee zufließenden Wassers und kann für TaucherInnen durch die teilweise auftretenden Strömungen an verschiedenen Tauchplätzen gefährlich werden. Diese Gefahr tritt vornehmlich am Überlinger See und um Konstanz auf. Man sollte sich deshalb bei einer der ansässigen Tauchschulen vorher genau erkundigen, wo welche Strömung auftreten kann. Durch diesen Zufluss bekommt der See enorme Mengen von Sau-

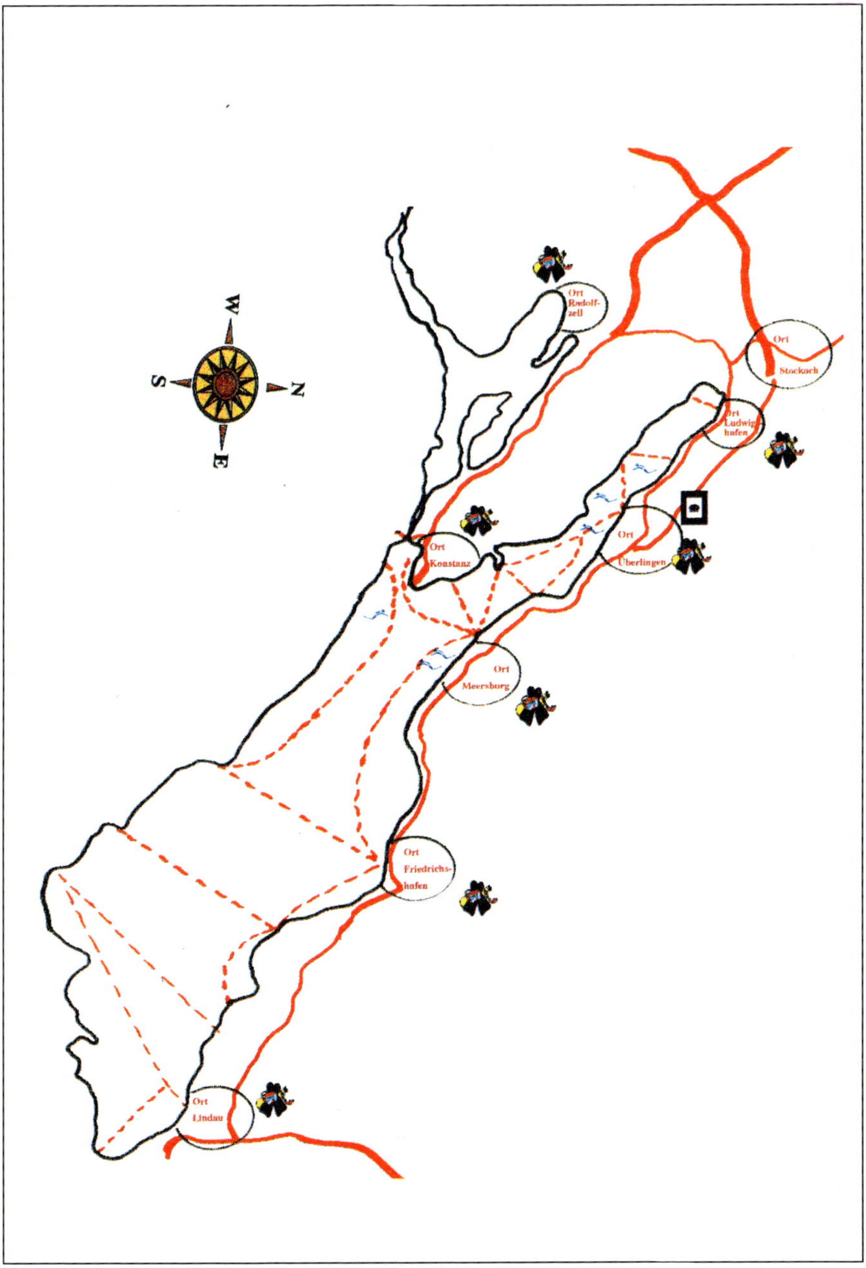
W
S
N
E
Ort
Radolf-
zell
Ort
Stockach
Ort
Ludwig
hafen
Ort
Konstanz
Ort
Überlingen
Ort
Meersburg
Ort
Friedrichs-
hafen
Ort
Lindau

erstoff zugeleitet, was der Artenvielfalt zugute kommt. Im Bodensee existieren ca. 30 verschiedene Fischarten, angefangen bei großen Schwärmen von Flußbarschen über Hechte und kapitale Karpfen bis hin zu 2 m großen Wallern, die hier schon gesichtet wurden. Das Wasser hat Trinkwasserqualität, weshalb der See auch zur Trinkwassergewinnung von Baden-Württemberg genutzt wird. Seine durchschnittliche sommerliche Wassertemperatur an der Oberfläche beträgt 20°C, die jedoch in den tieferen Regionen schnell sinkt, sodass man das ganze Jahr über besser mit einem Trockentauchanzug zum Tauchen gehen sollte. Bedingt durch seine Größe braucht der See sehr lange, bis er sich erwärmt, jedoch speichert er die Wärme dann umso länger, sodass man im Oktober an der Oberfläche noch eine Wassertemperatur von 17°C messen kann. Dies wird durch das fast schon mediterrane Klima begünstigt, da die Lufttemperatur selbst im Winter kaum unter den Gefrierpunkt sinkt. Zuletzt war der gesamte See 1963 zugefroren, ansonsten friert lediglich der Untersee zu.

Es sollte jedem, der zum Bodensee fährt, bewusst sein, dass er in den Sommermonaten nicht der einzige Taucher ist, sondern viele andere auch auf die Idee gekommen sind, hierher zu fahren. Daher empfiehlt es sich, den Campingplatz oder die Pension rechtzeitig zu reservieren, um nicht umsonst anzureisen. Die Preise in der gesamten Bodenseeregion bewegen sich über dem Durchschnitt. Das sollte einem auch bewusst sein, wenn man hier Urlaub macht.

Tauchzeit und Schutzzonen

Die Einschränkungen am Bodensee beziehen sich auf das absolute Tauchverbot in Natur- und Wasserschutzgebieten und an den Linien der Bodensee-Schifffahrt. Ein Tauchverbot mit Ausnahmegenehmigungen gibt es am so genannten Teufelstisch am Überlinger See, einer Felsnadel, die in 38 m Tiefe mit der Steilwand der Marienschlucht verbunden ist. Da in der Zeit von 1979 bis 1994 sechs Taucher tödlich verunglückt sind, gibt es seither strenge Auflagen: mindestens 40 Tauchgänge innerhalb des letzten Jahres, davon zehn Tauchgänge im Bodensee tiefer als 20 m, mit einer vorschriftsmäßigen Mindestausrüstung, die grundsätzlich über zwei getrennte Automatensysteme verfügen muss. Weiter ist die Vorlage eines tauchsportärztlichen Attestes und eines gültigen Brevets nötig.

Solotauchgänge sind verboten, es muss mit einer Buddyleine getaucht werden, und das mit Pressluft auch nicht über 40 m. Den Antrag auf diese Ausnahmegenehmigung stellt man beim Landratsamt Konstanz und erhält diese für 150 DM auf zwei Jahre befristet, wenn alle Kriterien erfüllt sind. Tauchgänge müssen bei der Druckkammer in Überlingen und bei der Wasserschutzpolizei angemeldet werden.

Bild oben: Herrlicher Blick auf Meersburg vom Tretboot aus.

Rechts: Das Seezeichen 22 kennzeichnet die Mitte des Teufelstisches, der von der Uferkante aus freisteht und erst in 38 Meter Tiefe durch einen 90 Meter breiten Sattel mit der Wand verbunden ist. Westlich des Tisches ist die Ufersteilwand markant eingebuchtet.
(Stephanie Naglschmid, Magazin DIVEMASTER)

Tiere und Pflanzen
Bis zu 30 Fischarten gibt es im Bodensee, der zu den fischreichsten Gewässern Deutschlands zählt. Es gibt Aale, Hechte, Karpfen, Barsche, Groppen, Elritzen, Saiblinge, Zander und Waller, von letzteren soll es nach Experten im See zwischen 100 und 150 Stück geben. Die Pflanzenwelt erstreckt sich von der Uferschicht bis hin zu Armleuchteralgenvorkommen und Rotalgen, und besonders im Bereich des Rheinzuflusses ist die Vegetation besonders üppig.

Tauchplätze
Dorniermole Friedrichshafen
Bootstauchplatz mit gesprengten Bunkerresten aus dem Zweiten Weltkrieg.

Sportboothafen Unteruhldingen
Pfahlbaureste aus prähistorischer Zeit, Wrack einer Lädine in vier Metern Tiefe. Die Einstiegsstelle befindet sich auf der linken Hafenseite.

Campingplatz Überlingen
Eine überhängende Steilwand im Bereich des Campingplatzes, daher nur von Übernachtungsgästen zu betauchen und über einen extra Einstieg am Platz bequem zu erreichen. Flaschenfüllung am Platz. Weitere Infos bei Campingpark Überlingen, Tel. 07551 / 64583.

Marienschlucht
Teilweise überhängende Steilwand am Südufer des Überlinger Sees. Von Wallhausen aus zu Fuß zu erreichen oder besser mit einer der ortsansässigen Tauchbasis per Boot.

Die Jura
Ein 42 m langes Wrack eines hölzernen Raddampfers mit schön geschnitzten Aufbauten an Treppen und Bug. Es liegt in einer Tiefe von 40 m und ist nur über ortskundige Tauchbasen, die teilweise nur noch Nitroxtauchgänge unternehmen, zu erreichen.

Teufelstisch
Berüchtigte Felsnadel an der Marienschlucht. Tauchen nur mit Sondergenehmigung möglich. Zu beantragen beim Landratsamt Konstanz, Tel. 07531 / 8000.
Weitere Tauchplätze zu erfragen bei den örtlichen Tauchschulen.

Oben links: Muscheln wie diese Wandermuscheln (Dreissena polymorpha) filtern das Wasser.

Oben rechts: Neugierig beäugt der Barsch (Perca fluviatilis) sein Revier, auf der Suche nach Beute.

Rechts: Große Hechte (Esox lucius) findet man im Bodensee sehr häufig.

Unten rechts: Der Bodensee besticht durch seine Artenvielfalt. Hier eine Ohrschlammschnecke (Radix auricularia).

Die Steilwand bei Überlingen ist immer ein Erlebnis.

Flaschenfüllen und Tauchshops

Tina's Tauchschule
Im Estlikofer 18
78479 Reichenau
Tel. 07534 / 1530

Tauchbasis Wallhausen
Uferstraße 16–18
78465 Konstanz
Tel. 07533 / 998448

Tauchsport pro marine
Karl-Bücheler-Str. 4
78315 Radolfzell
Tel. 07732 / 10798

Tauchbasis pro marine
Campingplatz See-Ende
78351 Bodmann-Ludwigshafen
Tel. 07773 / 5366

Tauchsport pro marine
In der Grub 1
88131 Lindau
Tel. 08382 / 944690

Tauchschule Meersburg
Von Laßbergstraße 1
88709 Meersburg
Tel. 07532 / 9277

Bodensee Tauchsportzentrum
Zur Schleie
88662 Überlingen
Tel. 07551 / 61190

Adventure Diving
Bahnhofstraße 42
88662 Überlingen
Tel. 07551 / 916444

Auch das gibt es am Bodensee: heftige Unwetter, bei denen sich Windhosen absenken.

Dekokammern
Druckkammer im Krankenhaus Überlingen
Tel. 07551 / 990 oder 19222

Touristeninfo
Tourismus-Verband Bodensee-Oberschwaben
Tel. 07531 / 909490
oder die Fremdenverkehrsämter in den größeren Orten rund um den Bodensee.

Freizeitangebote
Eine besondere Attraktion gibt es seit 1999 am Bodensee: das zweite deutsche Sea Life Center mit 30 Aquarien auf einer Fläche von 3000 Quadratmetern in Konstanz, es liegt direkt am Bodensee. Hier kann der Besucher den Verlauf des Rheins von der Quelle bis zum Meer mit verfolgen und lernt so die verschiedenen Lebensräume näher kennen. Zu sehen gibt es rund 3000 heimische Süß- und Salzwasserfische in einer einmaligen Umgebung. Geöffnet ist das Center von Juni bis August von 10 bis 21 Uhr und im September von 10 bis

Reste aus vergangenen Tagen, hier ein Bootsrumpf.

18 Uhr. Aber nicht nur unter Wasser gibt es am Bodensee etwas zu erleben, auch über Wasser ist das Angebot rund um das „Schwäbische Meer" schier unerschöpflich. Die besonderen Highlights sind zum Beispiel ein Besuch auf der Blumeninsel Mainau, in derem gepflegten Botanischen Garten mit dem Palmenhaus und Schmetterlingshaus oft Ausstellungen und Konzerte stattfinden. Eine Fahrt mit der Autofähre von Konstanz nach Meersburg ist zu empfehlen, wo die mittelalterliche Burg mit ihren verwinkelten Räumen einlädt. Nicht weit von hier, in Unteruhldingen, gibt es ein Freilichtmuseum mit der Rekonstruktion zweier Dörfer aus der Stein- und Bronzezeit um 4000 bis 800 v. Chr. zu besuchen. Weitere archäologische Funde und steinzeitliche Pfahlbauten gibt es im Archäologischen Landesmuseum in Konstanz zu sehen.

Wer nicht so viel Wert auf alte Kultur legt, sondern sich lieber sportlich betätigt, kann den gesamten Bodensee in 4 Tagen mit dem Fahrrad umrunden und sich dabei das Zeppelin-Museum in Friedrichshafen oder den größten Wasserfall Europas, den Rheinfall bei Schaffhausen, mit einer Breite von 150 m und einer Höhe von rund 23 Metern, ansehen.

Ein besonderes Wahrzeichen am Bodensee ist die Hafeneinfahrt von Lindau mit ihren Bayerischen Löwen unter dem Leuchtturm. Das schöne an Lindau

Sonnenuntergang, fast so wie in der Südsee.

ist seine Altstadt, die auf einer 69 Hektar großen Insel im Bodensee liegt und per Straßen- bzw. Eisenbahndamm mit der Gartenstadt auf dem Festland verbunden ist. Von Lindau und der Bregenzer Bucht ist man mit dem Auto in einer Viertelstunde in den Allgäuer Alpen, von wo man sich auf der Deutschen Alpenstraße auf einer der beeindruckendsten Panoramastrecken Deutschlands auf die Suche nach weiteren schönen Tauch- und Badeseen machen kann.
Ein für Wassersportler besonderes Ereignis ist die im September stattfindende Messe „Interboot" in Friedrichshafen, die neben Segelyachten, Motorbooten, Surfausrüstungen auch ein umfangreiches Angebot für den Tauchsport bereit hält. Zahlreiche Tauchsporthersteller und -anbieter zeigen ihre Produkte. Die Landesverbände des VDST, des BTSV (Baden) und des WLT (Württemberg) präsentieren ein Rundumprogramm von Vorführungen im Tauchturm, Kindertauchen, umweltgerechtes Tauchen und viele weitere Informationen rund um das Tauchen.
Achtung, immer nach den behördlichen Auflagen des Tauchens fragen, da häufige Wechsel der Bestimmungen. Siehe auch www.divemaster.de.

2. St. Leoner See

Seehöhe 124 m ü. N.N., max. Tiefe 4 m

Anfahrt

Von Stuttgart aus kommend über die Autobahn A 5 bis zur Ausfahrt Kronach, weiter Richtung Waghäusel bis zur Ortschaft Kirrlach. Von hier rechts bis St. Leon. Oder über die Bundesstraße B 3 bis zur Abzweigung St. Leon-Rot / Malsch und von dort bis zum See. In St. Leon den Hinweisschildern zum Campingplatz St. Leoner See folgen.

Beschreibung

Der St. Leoner See gehört im Großraum Karlsruhe mit zu den beliebtesten Seen, was die Freizeitaktivitäten im Wassersport angeht. Es handelt sich hier um eine große Freizeit- und Erholungsanlage mit einem 26 ha großen See, der sich in zwei Bereiche aufteilt. Einen 15 ha großen See für Surfer und Angler und einen etwas kleineren 11 ha großen für Taucher und Badegäste. Da in den letzten Jahren die Tauchaktivitäten stark zugenommen haben und es zwischen Anglern, Surfern, Badegästen und Tauchern immer wieder zu Reibereien kam, hat sich die Gemeinde St. Leon gemeinsam mit Vertretern des Tauchsports zusammengesetzt und Regeln für den Tauchsport entwickelt, damit nicht eines Tages ein generelles Tauchverbot für den See droht. Der See besticht durch sein klares Wasser. Besonders in den Wintermonaten, wenn der Badebetrieb eingestellt ist, ergeben sich Sichtweiten von bis zu 12 m, und er ist deshalb bei den Tauchern sehr beliebt. Die durchschnittliche Temperatur über das Jahr liegt bei ca. 21°C. An guten Tagen, wenn nicht zu viel Badebetrieb wie an Wochenenden herrscht, gibt es oft recht gute Sichtverhältnisse von bis zu 8 m. Wer also beim Tauchen auch Exemplare der hier zahlreich ausgesetzten Fische sehen will, der sollte nicht unbedingt an einem Wochenende hierher kommen, denn dann tummeln sich teilweise bis zu 200 Taucher im und um den See und man bekommt anstatt der Fische nur die Flossen seines Vordermanns zu sehen. Jedoch hat der See für Jung und Alt eine rege Infrastruktur rund um den Wassersport zu bieten und alles, was Kindern Spaß macht, angefangen von Spielplätzen bis hin zum Pommesstand und der Würstchenbude.

Tauchzeit und Schutzzonen

Wer hierher zum Tauchen fährt, muss sich bei der Erholungsanlage St. Leoner See anmelden und 3 DM Eintritt bezahlen. Weitere 3 DM sind für die Tauchgenehmigung fällig, hierbei bekommt man auch die nötigen Informationen und ein Merkblatt, in dem genau steht, was man beachten sollte, wenn man hier taucht, um ein geregeltes Miteinander mit den anderen Wassersportlern zu ermöglichen und zu erhalten. Der beste Einstieg für Taucher ist am Eingang 2. In den Sommermonaten von Mai bis August ist das Tauchen nur in der Zeit

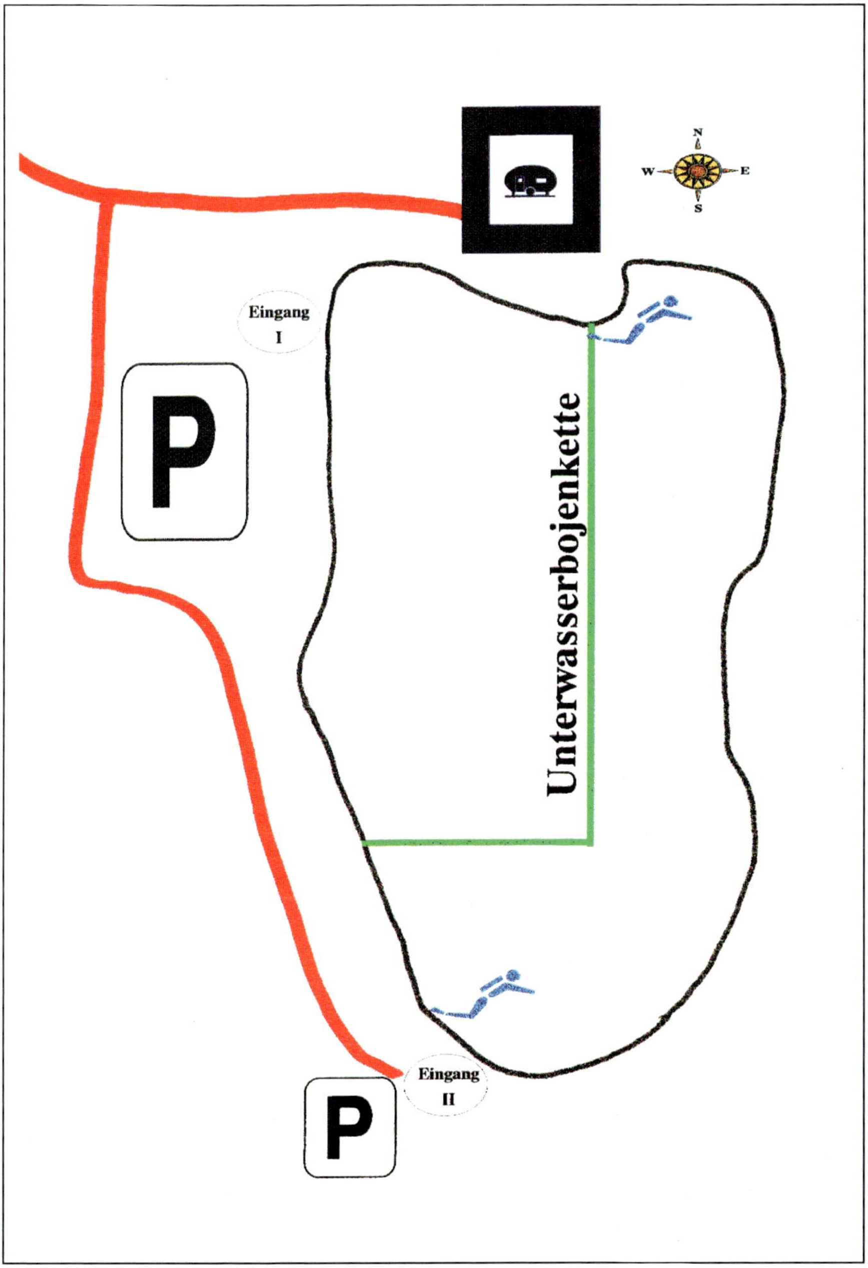
N
W
E
S
Eingang
I
Unterwasserbojenkette
P
Eingang
II
P

von 7 Uhr bis 11 Uhr möglich. Danach ist das Tauchsportmaterial von der Liegewiese zu entfernen.
Um eine Tauchgenehmigung zu erhalten, sollte der Tauchschein mit einem Lichtbild an der Kasse vorgelegt werden, des Weiteren muss der Taucher einen Kompass mit sich führen, um ein Auftauchen in nicht zulässigen Bereichen zu vermeiden.
Die aktuellen Informationen zum Tauchen erhält man beim Eintritt bei der Freizeit- und Erholungsanlage St. Leon oder unter der Telefon-Nr. 06227 / 59009.

Fische und Pflanzen
Der St. Leoner See ist wegen seines reichhaltigen Fischvorkommens nicht nur bei Tauchern ein beliebtes Revier, auch Angler kommen bei einer so großen Auswahl von Fischen ins Schwärmen. Zu sehen gibt es unter anderem Hechte, Karpfen, Zander, Forellen und Aale. Die Unterwasservegetation beschränkt sich auf Seegraswiesen mit Armleuchteralgen. Jedoch in den Sommermonaten lassen sich durch den großen Andrang am See recht selten Fische erblicken.

Tauchplätze
Die aktuellen Bestimmungen und Tauchzonen erfährt man beim Eintritt ins Erholungsgelände bei Eingang 1 und 2.

Flaschenfüllen und Tauchshops
TRITON-Tauchsport-Studio
Akademiestraße 46
76133 Karlsruhe
Tel. 0721 / 9131415

Tauchcenter Karlsruhe
Herrenstraße 31
76133 Karlsruhe
Tel. 0721 / 23239

Splash Tauchen und Reisen
Im Herschelbad
68161 Mannheim
Tel. 0621 / 102277

Dekokammern
Rettungsleitstelle Karlsruhe
Tel. 0721 / 19222

Touristeninfo
Fremdenverkehrsverein Karlsruhe
Tel. 0721 / 35530 oder 19433

Links: In den grünen Unterwasserauen ist der Fischnachwuchs ...

Rechts: ... wie dieser Junghecht (Esox lucius) bestens geschützt.

Freizeitangebote

Am St. Leoner See trifft man so ziemlich sämtliche Wassersportarten an, angefangen vom Surfen und Segeln bis hin zum Wasserski. Ein eigens dafür gebauter Wasserskilift verspricht jede Menge Spaß, vom Anfänger, der unter Anleitung von Trainern seine ersten Versuche hier startet bis hin zu den Könnern dieser nassen Disziplin. Das Segeln und Surfen ist allerdings nur den Campinggästen des angrenzenden Campingplatzes vorbehalten, aber trotzdem gibt es für die Badegäste und ihre Familien jede Menge Spiel und Spaß rund um den See, um ein erholsames Wochenende hier zu verbringen.
Wem so viel Wassersport in freier Natur zu viel ist, der ist am nahegelegenen Hockenheimring gut aufgehoben, denn hier besteht die Möglichkeit, an einem Fahrsicherheitstraining teilzunehmen oder an einem Rennwochenende den PS-Boliden auf ihren schnellen Runden zuzusehen.
Zurück in St. Leon kommen aber auch die kulinarischen Genüsse nicht zu kurz, denn hier führt ein Teil der Badischen Weinstraße vorbei, und das bedeutet mit Sicherheit, dass die Freunde von guten Tropfen hier auf ihre Kosten kommen. Auch ein Besuch in Heidelberg und seinem berühmten Schloss, das Jahr für Jahr zweieinhalb Millionen Besucher anzieht, ist einen Ausflug wert. Dieses Schloss, welches auch den Dreißigjährigen Krieg überstanden hat, verdanken wir den Pfälzer Kurfürsten. Leider wurde es aber im Pfälzischen Eroberungskrieg durch französische Truppen zerstört und nie mehr aufgebaut. Dennoch sind die Ruine, besonders die reich verzierte Hoffassade und die um 1900 wiederhergestellte Schlosskapelle einen Besuch wert.
Dies sind nur einige der zahlreichen Freizeitaktivitäten in der Umgebung rund um St. Leon.

3. Epplesee

Seehöhe 115 m ü. N.N., max. Tiefe 47 m

Anfahrt

Von Karlsruhe aus fährt man über die Autobahn A 5 Richtung Basel bis zur Ausfahrt Karlsruhe-Süd. Von hier aus auf die B 3 Richtung Rastadt und an der ersten Ausfahrt nach Forchheim abzweigen. Nach der Ortschaft Forchheim / Silverstreifen gelangt man nach 500 m auf den großen Parkplatz am See links von der Straße.

Beschreibung

Der relativ große Epplesee ist ein Baggersee, der an seiner tiefsten Stelle 47 m Tiefe erreicht, was für einen Baggersee in der Region Karlsruhe eine erstaunliche Tiefe bedeutet. Aus diesem Grund ist der See auch ein sehr beliebtes Ziel für hier ansässige Tauchschulen, denn hier können sämtliche Prüfungen abgenommen werden. In den Sommermonaten ist der See sehr stark frequentiert, und die Sichtweiten leiden dann erheblich. Wer also etwas sehen möchte, der ist gut beraten, frühzeitig ins Wasser zu steigen oder seinen Besuch auf das Winterhalbjahr zu verlegen, denn dann können Sichtweiten von gut 10 m zustande kommen. Die Unterwasserlandschaft ist geprägt von den Kanten und Abbrüchen des Ausbaggerns aus der Zeit, als hier noch Kies abgebaut wurde. Man taucht vorbei an Felsen und kleinen Abbrüchen bis in eine Tiefe von knapp 30 m, danach fällt der Seegrund nur noch seicht weiter bis auf seine maximale Tiefe. Die sommerliche Durchschnittstemperatur an der Oberfläche beträgt im See ca. 20°C. Das bedeutet jedoch nicht, dass auf einen Trockentauchanzug oder zumindest auf einen Halbtrockenen verzichtet werden kann, denn ab einer Tiefe von ca. 10 m wird es auch hier aufgrund der relativ großen Tiefe des Sees merklich kälter.
Der Bewuchs beschränkt sich auf ein wenig Seegras. Es gibt hier, bis auf ein paar Krebse und Muscheln, nicht viel an größeren Arten zu sehen. Rund um den See befindet sich im Sommer ein stark frequentiertes Bade- und Surfgelände.

Tauchzeit und Schutzzonen

Getaucht werden darf das ganze Jahr über. Ein Verbot gilt lediglich in dem Bereich, in dem noch aktiv Kies abgebaut wird.

Tiere und Pflanzen

Das Fischvorkommen beschränkt sich auf ein paar Barsche. Hinzu kommen Süßwasserkrebse, die im grün bewachsenen Flachwasserbereich ein Zuhause gefunden haben.

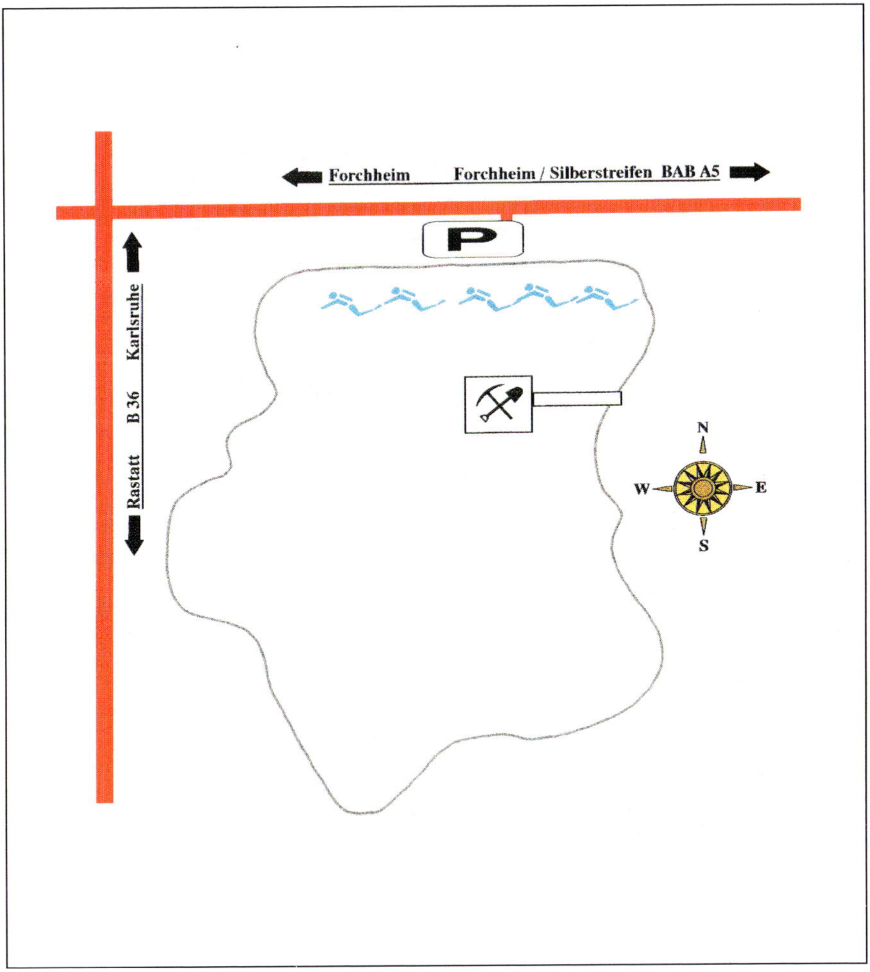

Tauchplätze

Von dem großen Parkplatz aus, hinter der großen Liegewiese, ist der beste Einstieg in den See, jedoch sind mit der Ausrüstung rund 50 m bis zum See zurückzulegen. Hier fällt das Ufer relativ schnell bis auf 30 m ab und wird dann flach bis zu seiner größten Tiefe. Ein wenig Pflanzenbewuchs ist hier im Flachwasserbereich zu sehen.

Flaschenfüllen und Tauchshops
TRITON-Tauchsport-Studio
Akademiestraße 46
76133 Karlsruhe
Tel. 0721 / 9131415

Tauchcenter Karlsruhe
Herrenstraße 31
76133 Karlsruhe
Tel. 0721 / 23239

Dekokammern
Rettungsleitstelle Karlsruhe
Tel. 0721 / 19222

Touristeninfo
Fremdenverkehrsverein Karlsruhe
Tel. 0721 / 35530 oder 19433

Freizeitangebote
In Karlsruhe wird es einem auch bei schlechtem Wetter nicht so schnell langweilig. Ein breites Angebot von Museen macht die Auswahl schwer. Es beginnt mit einem Medienmuseum und geht weiter über die Städtische Galerie, dem Badischen Landesmuseum bis hin zum Museum für Literatur am Oberrhein / Literarische Gesellschaft / Scheffelbund. Wer nicht so viel Kulturelles auf sich wirken lassen möchte, der kann sich in der Stadt in den insgesamt sieben Bädern und Saunen tummeln und etwas für seine Gesundheit tun. Rund um Karlsruhe beginnen aber auch andere reizvolle Reiseziele, wie zum Beispiel der Schwarzwald, Pfälzer Wald oder die Vogesen, die alle nur wenige Kilometer entfernt liegen. Egal ob man Richtung Norden, Süden oder Westen fährt: Es gibt immer interessante Ziele zu entdecken.

Oben: Häufiger Bewohner von Baggerseen der Barsch (Perca fluviatilis).

Mitte: Je nach Wetter und Badebetrieb schwankt die Sichtweite.

Unten: Auch für das Einfache muss man ein Auge haben.

4. Streitköpflesee

Seehöhe 115 m ü. N.N., max. Tiefe 12 m

Anfahrt

Der Streitköpflesee befindet sich bei der Ortschaft Linkenheim. Am besten fährt man von Karlsruhe über die B 36 bis zur Ausfahrt Linkenheim und weiter Richtung Ortsmitte bis zur Ausschilderung Baggersee. Von hier sind es nur noch wenige Kilometer bis zum See und dem dortigen Kieswerk. Am Kieswerk fährt man vorbei in den Feldweg, der nach ca. 1 Kilometer an einem Kassenhäuschen am Parkplatz des Streitköpflesees endet.

Beschreibung

Er gehört nicht zu den großen Seen im Süden, jedoch auch nicht zu den schlechtesten Tauchgründen, was man in dieser Gegend zwischen Industrie und Kiesanlagen nicht auf Anhieb erwarten würde. Der kleine Streitköpflesee ist nur in den Sommermonaten für Taucher zugänglich, denn im Winter ist der See für jegliche Besucher gesperrt. Im Sommer müssen sich die Taucher das Gewässer mit Badegästen teilen, jedoch ist es recht einfach, denn der See ist in zwei Teile aufgeteilt, die durch eine Halbinsel getrennt sind. Für Taucher ist nur der linke Teil vom Parkplatz aus erlaubt, der über eine ausführliche Tauchverordnung verfügt, die am See ausgehängt ist und die im Interesse aller auch beachtet werden muss, da es sonst nur zu unnötigen Schwierigkeiten mit den Behörden kommt. Ansonsten verfügt der See über einen Kieselstrand an der Seite, die dem Badestrand zugewandt ist. Dieser Kieseluntergrund setzt sich bis in seine maximale Tiefe fort. Der interessantere Teil ist gegenüber am anderen Ufer. Hier liegen viele Wurzeln und Baumstämme, die das Tauchen interessant machen. Hier findet man auch viele Fische. Vom Hecht bis zum Karpfen ist hier alles vertreten. Aufgrund seiner geringen Tiefe herrschen hier im Sommer durchschnittlich Temperaturen von bis zu 25°C, was das Tauchen hier auch in einem Nasstauchanzug sehr angenehm gestaltet. Die Sichtweiten liegen leider nur im Uferbereich in einem Bereich bis zu 5 m, ansonsten ist die Sicht eher bescheiden.

Der See gehört zu den Seen, die man an Wochenenden mit der Familie besucht, denn bei so angenehmen Badetemperaturen kommen die Kinder immer gern zum Tauchen mit, und auch das anschließende Grillen am See ist für die ganze Familie eine willkommene Abwechslung an den Wochenenden.

Tauchzeit und Schutzzonen

Das Tauchen ist in der Zeit vom 1. Oktober bis einschließlich 31. März generell verboten. Auch sind Nachttauchgänge in der Zeit von 21.00–4.00 Uhr verboten. Die genauen Vorschriften befinden sich direkt am See auf einer großen Hinweistafel.

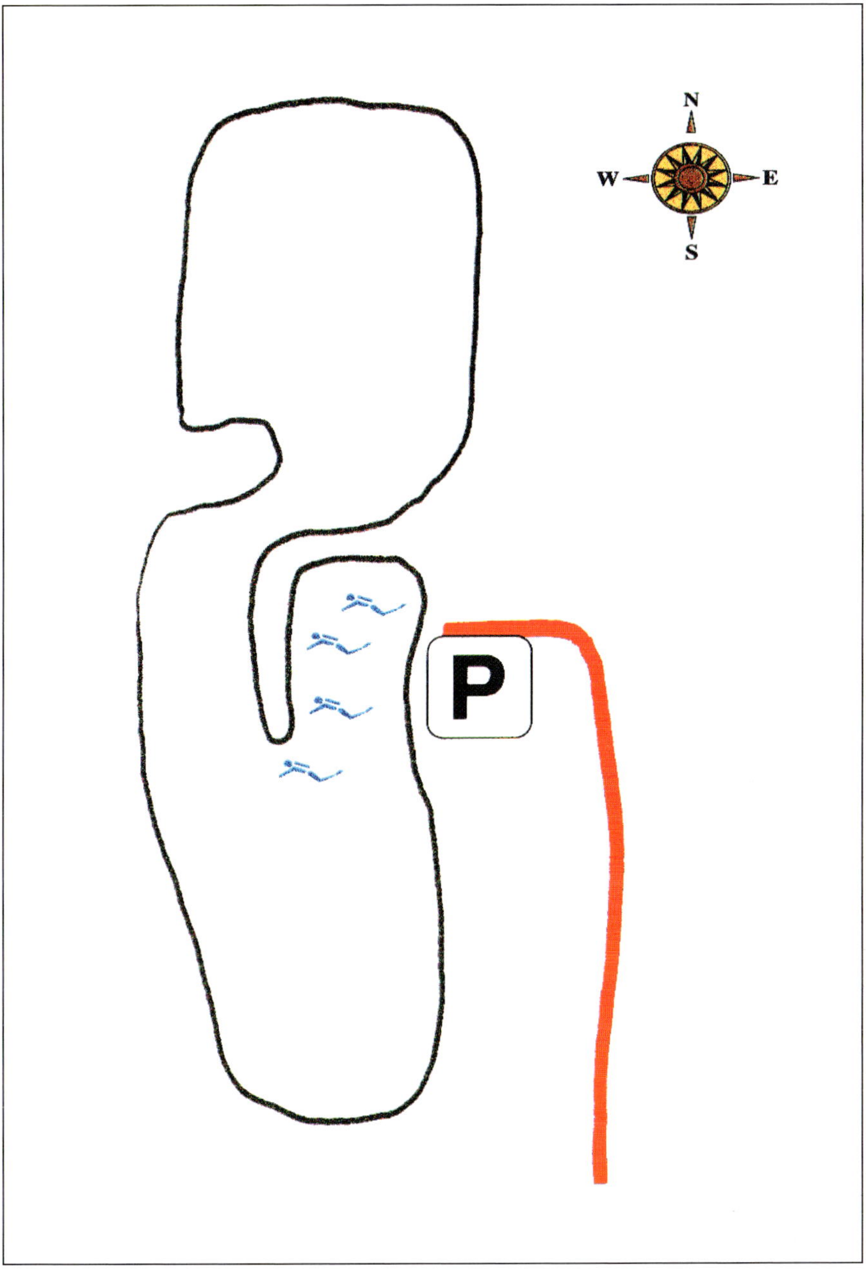
N
W
E
S
P

Tiere und Pflanzen
Zu sehen gibt es Hechte, Barsche, Karpfen und jede Menge Weißfische. Die Vegetation besteht aus Armleuchteralgen, und über die versunkenen Baumstämme ziehen sich Schleimalgen.

Tauchplätze
Das Tauchen ist nur im linken Teil vom Parkplatz aus erlaubt. Hier ist auch die beste Einstiegstelle. Der Seegrund fällt hier leicht über dem Kieseluntergrund ab, bis zu seiner maximalen Tiefe von 12 m.

Flaschenfüllen und Tauchshops
TRITON-Tauchsport und Studio
Akademiestraße 46
76133 Karlsruhe
Tel. 0721 / 9131415

Tauchcenter Karlsruhe
Herrenstraße 31
76133 Karlsruhe
Tel. 0721 / 23239

Dekokammern
Rettungsleitstelle Karlsruhe
Tel. 0721 / 19222

Touristeninfo
Fremdenverkehrsverein Karlsruhe
Tel. 0721 / 35530 oder 19433

Freizeitangebote
Bedingt durch seine Lage ist ein Ausflug an den Hockenheimring gut zu kombinieren mit einem Tauchgang im Streitköpflesee. Hier kann man an Rennwochenenden den PS-Boliden zusehen oder unter der Woche selbst aktiv an einem Fahrsicherheitstraining teilnehmen, beides hat seine gewissen Reize. Für Leute, die es eher ruhiger mögen, empfiehlt sich ein Besuch an einem der vielen kleinen Baggerseen zum Sonnenbaden oder Schwimmen.
Auch hier ist ein ausgiebiger Besuch in Karlsruhe ein weiteres Angebot, die Freizeit kulturell und attraktiv zu gestalten, denn ein Ausflug im Sommer in den Schlossgarten oder Zoologischen Garten gibt einem schon fast das Gefühl, als sei man im Süden gelandet. Denn auch hier gelingt es einem hervorragend, in den herrlichen Grünanlagen die Seele baumeln zu lassen und sich zu entspannen.

Oben: Scheinbar friedlich wartet dieser Hecht (Esox lucius) auf seine Beute.

Unten: Skurrile Formen, die unsere Fantasie anregen.

Wer mit dem Fahrrad nach Karlsruhe kommt, kann die Gegend rundherum und den Rhein auf- und abwärts unter die Pedale nehmen, denn in dieser Gegend gibt es ein gut ausgebautes Radwandernetz.
Besonders zu erwähnen sei noch die Möglichkeit, von Ende April bis Mitte Juni an einem badischen Spargelwochenende teilzunehmen. Hier besteht die Möglichkeit, selbst Spargel zu stechen und anschließend in einem Kochkurs die richtige Zubereitung zu erlernen. Für Freunde kulinarischer Genüsse ist dieser Kurs bestimmt eine willkommene Abwechslung nach dem Tauchen.

5. Alte Allmend / Metzgerallmend bei Büchenau

Seehöhe 115 m ü. N.N., max. Tiefe 18 m

Anfahrt

Zu dem Alte Allmend bei Büchenau gelangt man am besten über die Autobahn A 5 von der Ausfahrt Karlsruhe – Durlach und von dort Richtung Blankenloch bis zur Ortschaft Büchenau. Durch die Ortschaft Richtung Untergrombach und nach dem Ortsende noch vor der Autobahnüberführung biegt man links ab zur dortigen Mehrzweckhalle. Der Parkplatz befindet sich direkt am See.

Beschreibung

Der nicht gerade große Alte Allmend / Metzgerallmend ist eine noch aktiv betriebene Kiesgrube bei der Ortschaft Büchenau, der auch im Volksmund unter dem Namen Büchenauer See bekannt ist. Er besticht durch seinen Fischreichtum und den teilweise recht starken Pflanzenbewuchs. Besonders Unterwasserfotografen werden in diesem See ihre wahre Freude haben, denn die teilweise recht großen Fische wie Karpfen, Hechte und Barsche haben sich schon an TaucherInnen gewöhnt und zeigen keine Scheu vor der Kamera. Der interessanteste Teil im See liegt in einer Tiefe zwischen ein und sieben Metern. Die Sichtweiten sind je nach Niederschlag recht unterschiedlich, können aber in den oberen Schichten schon an die 7 Meter betragen, darunter ist es oft sehr trüb und ein Vorstoß in die Tiefe lohnt meistens doch nicht. Die Oberflächen-Wassertemperatur beträgt im Sommer durchschnittlich ca. 21°C, kann jedoch bis zu 25°C ansteigen, was sehr lange und ausgiebige Fototauchgänge ermöglicht.

Tauchzeit und Schutzzonen

Der Büchenauer See darf nur von Frühjahr bis in den Herbst betaucht werden. Im Winter herrscht ein absolutes Tauchverbot. Am See befindet sich eine Hinweistafel, die den zu betauchenden Bereich genau beschreibt und die Rechtsverordnung erläutert, die das Tauchen in diesem Gewässer regelt. Es gibt nur eine Einstiegstelle an Punkt 4, und nur in diesem Bereich darf getaucht werden.

Tiere und Pflanzen

An Fischarten gibt es Karpfen, Hechte und Barsche zu sehen, die teilweise eine stattliche Größe erreichen. An Pflanzen ist teilweise ein starker Bewuchs mit Armleuchteralgen und Laichkräutern festzustellen.

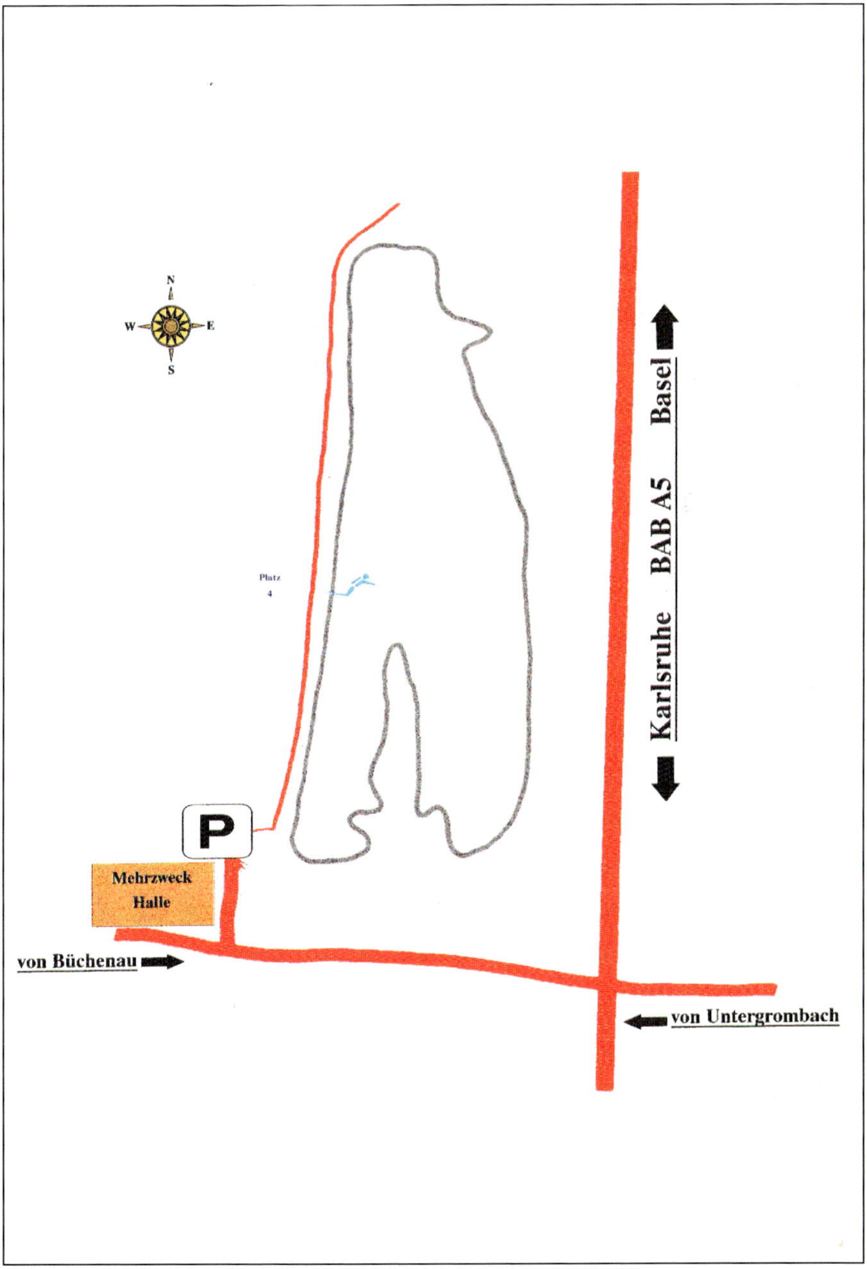
N
W
E
S
Platz
4
P
Mehrzweck
Halle
von Büchenau
Karlsruhe BAB A5 Basel
von Untergrombach

Tauchplätze

Von dem Parkplatz an der dortigen Halle gelangt man am besten mit einem Handwagen an die einzige Tauchstelle an Punkt 4. Von hier geht es langsam in die Tiefe, vorbei an stark bewachsenen Unterwasserwiesen und Armleuchteralgen bis in max. 18 m. Vorausgesetzt die Sicht lässt es zu, denn manchmal bildet sich eine trübe Sprungschicht, in der die Sichtweite auf Null sinkt und ein Weitertauchen sinnlos ist.

Flaschenfüllen und Tauchshops

TRITON-Tauchsport-Studio
Akademiestraße 46
76133 Karlsruhe
Tel. 0721 / 9131415

Tauchcenter Karlsruhe
Herrenstraße 31
76133 Karlsruhe
Tel. 0721 / 23239

Dekokammern

Rettungsleitstelle Karlsruhe
Tel. 0721 / 19222

Touristeninfo

Fremdenverkehrsverein Karlsruhe
Tel. 0721 / 35530 oder 19433

Freizeitangebote

Rund um Karlsruhe gibt es jede Menge Freizeitaktivitäten, die von Kultur bis Sport reichen. Ein besonderes Highlight bildet ein Besuch in dem ZKM „Zentrum für Kunst und Medientechnologie“, das erste interaktive Museum der Welt. Auch ein Bummel durchs Karlsruher Kulturleben hat seine Reize, wie zum Beispiel ein Besuch im „Tollhaus“, wo die Angebots-Palette von Rock bis zum Kabarett reicht. Dies sind nur ein paar Beispiele von vielen Möglichkeiten rund um Karlsruhe; wer weitere Informationen möchte, wendet sich am besten an den Verkehrsverein.

Besonders im Sommer und im Herbst ist hier das Klima angenehm, denn Karlsruhe gehört zu einer der wärmsten Städte in Deutschland. Nicht nur in der Stadt gibt es viele Möglichkeiten, das Leben angenehm zu gestalten, sondern auch ein Besuch bei unseren Nachbarn im Elsass ist eine willkommene kulinarische Abwechslung, die man mit einer Schifffahrt auf dem Rhein mit dem Fahrgastschiff „Karlsruhe“ verbinden kann. Wer jetzt genug hat von den Überwasseraktivitäten, der begibt sich in die vielen beschriebenen Seen in dieser Region zum Tauchen oder in ein Freibad, um sich und die Familie wieder abzukühlen.

Oben: Fische findet man meist im Schutz der Pflanzen.

Rechts: Eine Wasserfeder (Hottonia palustris).

Mitte links: Bis die Seerose (Nuphar lutea) bis zur Oberfläche gewachsen ist, dauert es noch.

6. Rheinauer See

Seehöhe 95 m ü. N.N., max. Tiefe 21 m

Anfahrt

Zwischen Mannheim und Rohrdorf liegt der Rheinauer See. Zu erreichen ist er am besten über die B 36 zwischen Mannheim und Schwetzingen über die Ausfahrt Rheinau-Süd. Von dort über die Lüderitzstraße und nach der Kirche links an den See. Eine Parkmöglichkeit gibt es an dem dortigen Fußballplatz, solange kein Fußballspiel stattfindet. Um sicherzugehen sollte man sich bei dem Pächter der dortigen Vereinswirtschaft kurz melden.

Beschreibung

Der Rheinauer See ist wie viele Seen in dieser Gegend eine ehemalige Kiesgrube, die sich in den letzten Jahren zum Freizeiteldorado für Wassersportler gewandelt hat. Auf dem westlichen Teil des Sees befindet sich eine Wasserskianlage und an dem nordwestlichen ein Badestrand. Um unnötige Reibereien mit dem Betreiber der Wasserskianlage zu vermeiden, sollten sich Taucher nur im Bereich des Badestrandes aufhalten. Aus diesem Grund wurde in den letzten Jahren von der Stadt Mannheim eine Tauchverordnung in Kraft gesetzt, die das Tauchen im Rheinauer See regelt und an die sich die Taucher auch halten müssen, da sonst Geldbußen bis zu 1000 DM verhängt werden können.

Das Gebiet vor dem Badestrand eignet sich jedoch hervorragend zum Tauchen und bietet für jeden etwas. In dem flacheren Bereich befindet sich ein sehr schöner Pflanzenbewuchs. Hier findet man auch die meisten Fische, die es hier zu sehen gibt, angefangen von Barschen über kleine Weißfische bis hin zu kapitalen Hechten und Karpfen. Stellenweise sichtet man auch Süßwasserkrebse und Aale, die sich von Unterwasserfotografen ablichten lassen. Der Seegrund geht dann in einer Tiefe von 11 m in eine fünf Meter hohe Steilwand über, einem ehemaligen Kies- und Lehmabbruch, der bis in eine Tiefe von ca. 16 m reicht. Die Wassertemperaturen liegen bei ca. 21°C, jedoch mit zunehmender Tiefe sinken sie auch empfindlich ab, und ein Trockentauchanzug ist nicht das Schlechteste. Ansonsten kann man diesen See nur jedem empfehlen, der Fische fotografieren möchte. Die Sichtweiten unter Wasser sind teilweise, zumindest in den oberen Regionen, erstaunlich gut. Um die Qualität des Sees zu erhalten, sollte darauf geachtet werden, dass hier keine größeren Tauchgruppen einfallen und hier Anfängerausbildung betreiben, die auch durch Tauchverordnung untersagt ist. Es dürfen keine Tarierübungen gemacht werden und nicht mehr als zehn Taucher gleichzeitig in den See. Um diesen See so zu erhalten, ohne ein generelles Tauchverbot, sollte man sich an diese Vorschriften halten.

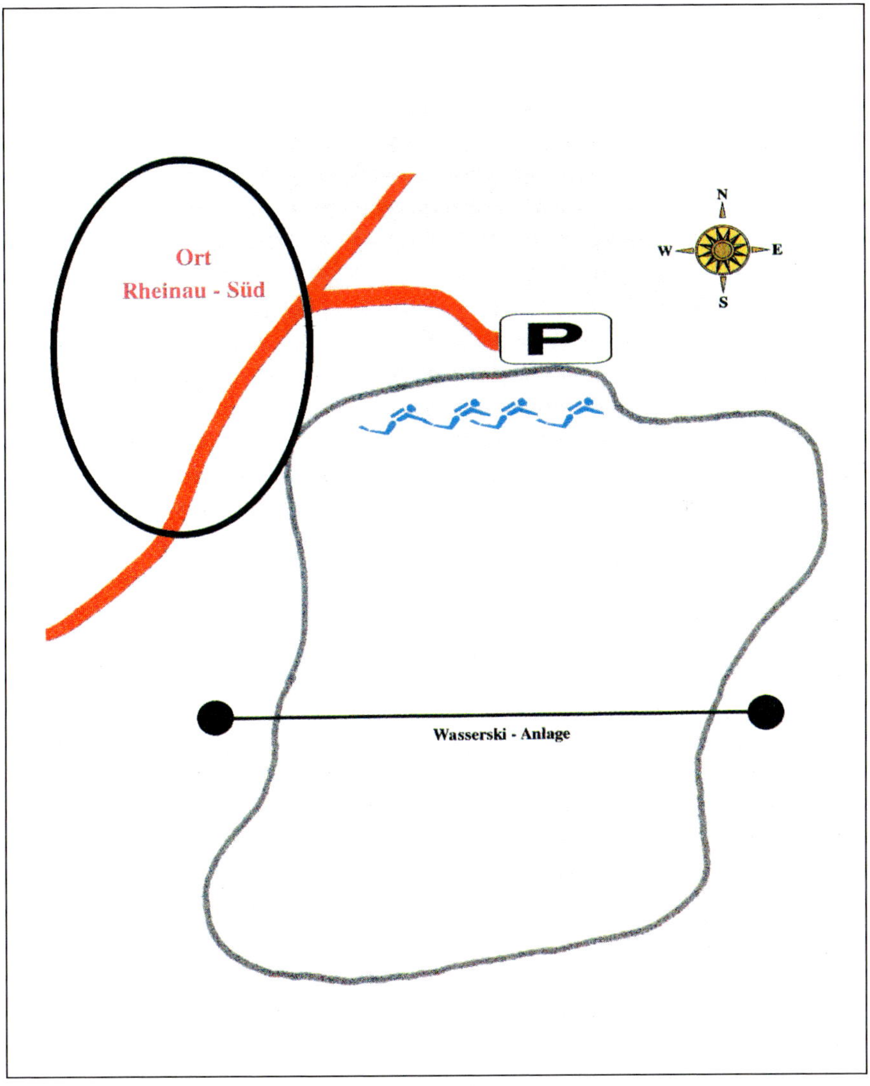

Anmeldungen unter 0170 / 4901843, Mo, Di, Mi von 17–19 Uhr, mindestens eine, maximal vier Wochen im Voraus. Genehmigungsmarke (ist sichtbar zu tragen) vor dem Tauchgang gegen DM 5,– und Hinterlegung des Taucherpasses bei TOTAL-Tankstelle Edinger, Riedweg 8–12 (Mo–Fr 5–23 Uhr, Sa 5–23 Uhr und So 8–23 Uhr) abholen. Dort können auch noch freie Termine gebucht werden. BITTE REGELN EINHALTEN!

Tauchzeit und Schutzzonen

Das Tauchen im Rheinauer See wird durch die Tauchverordnung der Stadt Mannheim vom 13.4.1999 geregelt. Wenn man hier tauchen möchte, sind folgende Einschränkungen zu beachten. Es besteht ein generelles Tauchverbot vom 15. Dezember bis 15. April, ebenso bei Dunkelheit. Am See findet man einen Lageplan, der genau den zu betauchenden Bereich kennzeichnet und auch den Zugang für Taucher benennt. Es dürfen des Weiteren keine Tarierübungen stattfinden, und auch ein Auftauchen im Badebereich ist untersagt. Mehr als zehn Taucher dürfen nicht in den See hinein. Ordnungswidrigkeiten werden mit Geldbußen von 5 DM bis 1000 DM geahndet. Die komplette Rechtsverordnung kann man sich im Internet holen unter: http://www.taucher.net/tips/t ... rheinau.htm Armins Taucherseiten-Tips für Taucher.

Tiere und Pflanzen

An Fischarten findet man hier Hechte, Barsche, Weißfische und als größte Wirbellose Süßwasserkrebse. Der Pflanzenbewuchs besteht u.a. aus Laichkräutern und Armleuchteralgen, besonders im Flachwasserbereich.

Tauchplätze

Aktuelle Hinweisschilder am See beachten oder in der ausführlichen Rechtsverordnung nachlesen. Es gibt nur einen Zugang, der für TaucherInnen geöffnet ist: vom Parkplatz aus über die Wiese zum See.

Flaschenfüllen und Tauchshops

TRITON-Tauchsport-Studio
Akademiestraße 46
76133 Karlsruhe
Tel. 0721 / 9131415

Tauchcenter Karlsruhe
Herrenstraße 31
76133 Karlsruhe
Tel. 0721 / 23239

Splash Tauchen und Reisen
Im Herschelbad
68161 Mannheim
Tel. 0621 / 102277

Dekokammern

Rettungsleitstelle Karlsruhe
Tel. 0721 / 19222

Rettungsleitstelle Mannheim
Tel. 0621 / 19222

Touristeninfo

Fremdenverkehrsverein Karlsruhe
Tel. 0721 / 35530 oder 19433

Stadtverwaltung Mannheim Touristinfo
Tel. 0621 / 2930

Oben: Vom Badestrand aus kann man den ganzen See überblicken.

Rechts: Hier geht es den Fischen gut. Zum Beweis trifft man hier auf große Barsche (Perca fluviatilis).

Freizeitangebote

Bedingt durch seine Lage zwischen Mannheim, Heidelberg und Karlsruhe ergeben sich hier sehr viele Möglichkeiten, seine Freizeit außer nur zum Tauchen auch anders zu verbringen. In allen drei Städten, die auch alle innerhalb einer Stunde mit dem Auto zu erreichen sind, gibt es jede Menge Kultur und Freizeitaktivitäten für Jung und Alt. Ob ein Besuch im Schloss Heidelberg oder im Schlossgarten von Karlsruhe, jedes Highlight hat seine besonderen Reize zu bieten. Auch eine Fahrt entlang der Badischen Weinstraße mit ihren vielen kleinen verspielten Ortschaften ist eine kulinarische Reise wert. Wer jedoch auch danach noch in seinen Tauchanzug passen möchte, der sollte sich bei so vielen Gaumengenüssen zurückhalten oder anschließend eine ausgiebige Radtour entlang des Rheins oder Neckars unternehmen.
Auch hier ist der Hockenheim-Ring nicht weit entfernt, und ein Besuch rentiert sich in jedem Fall, auch wenn kein Rennwochenende stattfindet.

7. Schluchsee, Titisee, Windgfällweiher

Schluchsee: Seehöhe 930 m ü. N.N., max. Tiefe 62 m
Titisee: Seehöhe 780 m ü. N.N., max. Tiefe ca. 35 m
Windgfällweiher: Seehöhe 830 m ü. N.N., max. Tiefe 5 m

Anfahrt

Von Freiburg aus auf der B 31 Richtung Donaueschingen bis zur Abzweigung Titisee. Von hier aus sind die drei Seen nur wenige Kilometer entfernt am Rande des Feldbergs. Weiter auf der B 317, bis es nach ca. 8 km auf die B 500 Richtung Schluchsee geht. Dann weiter bis zur Ortschaft Seebrugg am Schluchsee.

Beschreibung

Die drei Seen im landschaftlich reizvollen südlichen Hochschwarzwald liegen ca. 40 km von Freiburg entfernt. Für TaucherInnen dürfte allerdings der Schluchsee das interessanteste Tauchrevier darstellen. Die bizarre Unterwasserlandschaft ist geprägt durch große Hügel mit labyrinthartigen Gängen aus Torf und umgefallenen Bäumen und wirkt sehr gespenstisch. Entstanden ist diese unwirklich anmutende Unterwasserlandschaft im Zweiten Weltkrieg, als der See mit Torfballen abgedeckt wurde, um die Staumauer vor einem Bombardement zu schützen. Dieser Torf setzte sich im Laufe der Jahre ab und bildet nun diese bizarre Unterwasserlandschaft. 1933 wurden des Weiteren sieben Gehöfte den Fluten des neu errichteten Staudammes geopfert, von denen heute noch teilweise die Grundmauern des alten Gasthauses in Seebrugg und die alte Poststraße zu erkennen sind.
Aufrund seiner Höhenlage gehört er zu den Bergseen. Ein Tauchgang sollte gut vorbereitet werden, denn nicht nur die geänderte Nullzeit bedeutet ein Risiko, auch die am Seegrund liegenden Torfballen bedeuten für Taucher schon eine schlechte Sicht. Dazu kommt, dass es ab ca. 10 m Tiefe auch bei Tag schon fast ein Nachttauchgang wird. Wer hier also taucht, sollte ausreichend Licht und Erfahrung im Kompasstauchen mitbringen, da er sonst sich und andere in Gefahr bringen kann. Am besten wendet man sich in der Ortschaft Seebrugg an die hier ansässige Tauchschule Lang und holt sich einige Tips und Ratschläge für das sichere Tauchen im Schluchsee, welches ein besonderes Erlebnis im Süßwassertauchen darstellt, da man es sonst nirgendwo mit einer solchen Stimmung unter Wasser zu tun bekommt. Die durchschnittliche Wassertemperatur an der Oberfläche im Sommer beträgt 20°C, das heißt zum Tauchen sollte man auf jeden Fall zumindest mit einem Halbtrocken-Tauchanzug gehen, um ein zu frühes Auskühlen zu verhindern. In 10 m Tiefe wird es doch auch im Sommer schon recht frisch. Wegen der wechselhaften Winde auf diesem 7,5 km langen und bis zu 800 m breiten See gehört er in dieser Region zu einem sehr interessanten Segel- und Surfrevier. Am See befinden sich einige

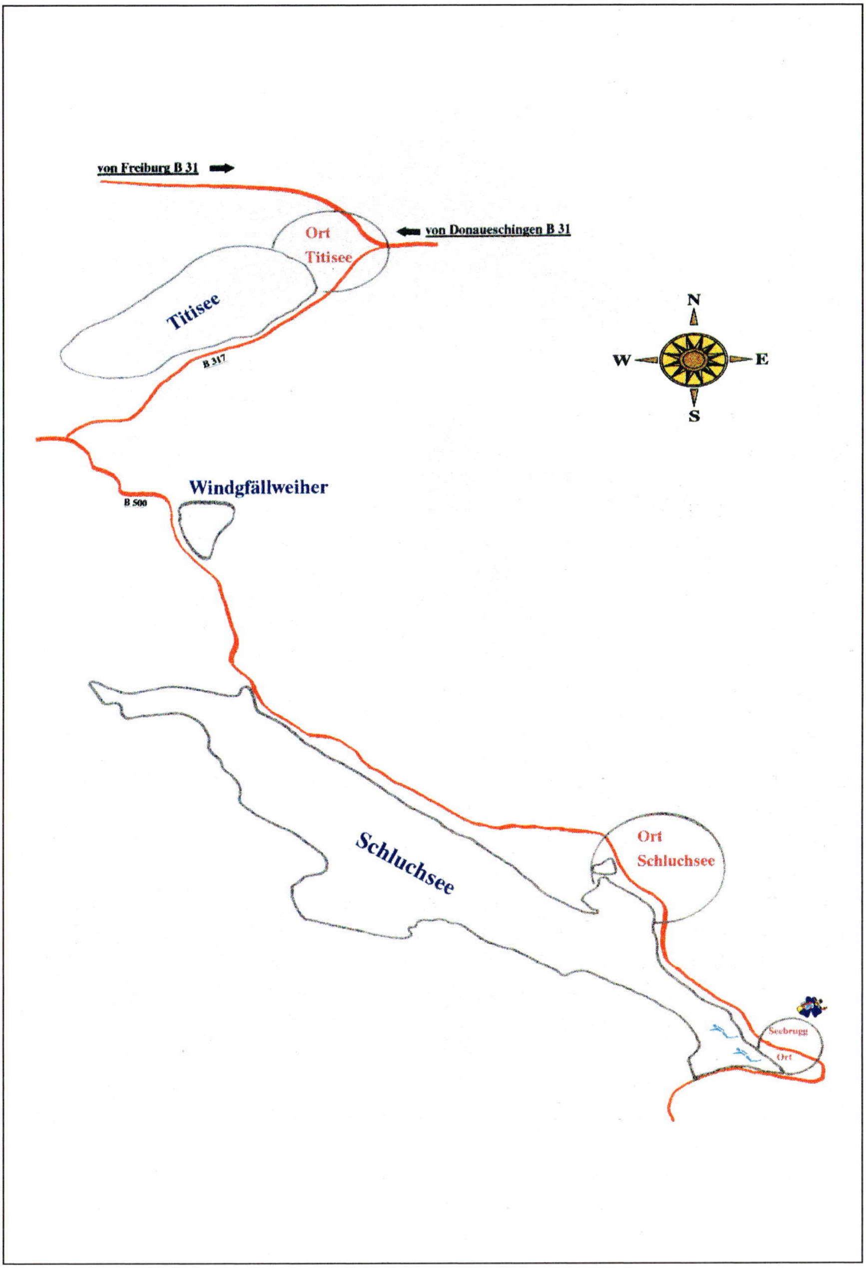
von Freiburg B 31
Ort
Titisee
von Donaueschingen B 31
Titisee
B 317
N
W
E
S
Windgfällweiher
B 500
Schluchsee
Ort
Schluchsee
Seebrugg
Ort

Segel- und Surfschulen, die von Juni bis September ein umfangreiches Kursangebot anbieten.
Nicht weit entfernt vom Schluchsee liegt der Titisee, der seine Entstehung einem Eiszeitgletscher zu verdanken hat. Dazwischen liegt der Windgfällweiher, der ebenfalls betaucht werden kann, so weit nicht aus Naturschutzgründen der Zugang zu den Seen versperrt ist. Sie sind jedoch weniger interessant im Vergleich zum Schluchsee und eignen sich bestenfalls wie der Windgfällweiher, um den Umgang mit dem Kompass zu trainieren. Ansonsten ist in beiden Seen die Sicht meist gleich Null, und außer viel Schlamm und moorigem Wasser erleben TaucherInnen hier nichts.

Tauchzeit und Schutzzonen
Die Seen sind das ganze Jahr über zu betauchen. Sofern keine Einschränkungen von Privat oder der Naturschutzbehörde bestehen, darf man hier an geeigneten Stellen seinem Hobby nachgehen. Im Schluchsee ist der übliche Abstand von mindestens 100 m zur Staumauer einzuhalten, ansonsten wendet man sich, um die aktuellen Informationen zu erhalten, an die Tauchschule Lang in Seebrugg.

Tiere und Pflanzen
Hier findet man nahezu alle Arten von Raubfischen, neben Hechten, Karpfen, Barschen und Seeforellen trifft man auch auf Zander, Saiblingen und Trüschen in den Seen. Der Bewuchs beschränkt sich auf Seegras und Schleimalgen.

Tauchplätze
Die beste Möglichkeit, sich langes und erfolgloses Suchen nach den alten Grundmauern und anderen Dingen in den Seen zu ersparen, bietet die Tauchschule Lang in Seebrugg. Von hier aus werden geführte Tauchgänge meist vom Boot aus auf dem Schluchsee angeboten. Da man an die interessantesten Stellen nicht von Land aus hinkommt, rentiert sich diese Investition auf jeden Fall. Auch die nötigen Tipps und Informationen für den Titisee und Windgfällweiher erhält man bei der Tauchbasis in Seebrugg am Schluchsee.

Flaschenfüllen und Tauchshop

Tauchsport Lang	Seebrugg 14
Hauptstraße 25	79859 Schluchsee
79504 Dogern	Tel. 07751 / 4485 oder 0170 / 8320419 0170 / 8334747

Dekokammern

Rettungsleitstelle Neustadt	Druckkammer im Krankenhaus Überlingen
Tel. 07651 / 19222	Tel. 07551 / 990

Zur Attraktion: ein versenkter Kahn im Schluchsee.

Durch den Torf im Schluchsee ist es auch am Tag unter Wasser dunkel.

Touristeninfo

Kurverwaltung Schluchsee
Tel. 07656 / 7732 oder 7733

Kurverwaltung Titisee
Tel. 07651 / 90840

Kurverwaltung Titisee/Neustadt
Tel. 07651 / 206250

Freizeitangebote

Rund um die drei Seen gibt es jede Menge Möglichkeiten, seine Freizeit aktiv und für die ganze Familie angenehm zu gestalten. Ob in dem herrlichen Wandergebiet rund um den Feldberg, dem höchstgelegenen Punkt des Schwarzwaldes mit 1.493 m, oder dem erholsamen Angelvergnügen an den Seen, hier ist der richtige Platz, um die Seele baumeln zu lassen. Im Urlaub oder an einem Wochenende im herrlichen Klima des Hochschwarzwaldes. An den Seen besteht die Möglichkeit, Segel- und Surfkurse zu absolvieren, und selbst Tauchanfänger können an der ansässigen Tauchschule am Schluchsee einen Tauchkurs, wenn es sein muss bis hin zum Tauchlehrer absolvieren. Für die kleinen und großen Badegäste empfiehlt sich ein Besuch im Aqua-Fun in Schluchsee. In diesem herrlichen Freibad mit Sprudelbecken und einer 75 m langen Riesenrutsche und Sonnenterrasse findet jeder das Richtige für sein Freizeitvergnügen. Auch für Freunde der kleinen runden Bälle gibt es hier ein Angebot, denn nur 15 km entfernt vom Schluchsee liegt die Golfanlage Obere Alp zwischen Bonndorf und Stühlingen. Hier findet man neben einem an den Club gebundenen 18-Loch-Platz einen öffentlichen 9-Loch-Platz sowie eine Driving-Range mit 30 Outdoor Abschlagplätzen.
Wem das alles zu viel Sport ist, der kann sich nach Herzenslust in den Kuranlagen rund um den Titisee und Schluchsee verwöhnen lassen und seiner Gesundheit etwas Gutes tun, bei einer Massage oder in einem Moorbad. Dies sind nur einige wenige Beispiele von aktiver Freizeitgestaltung rund um die Seen. Wer weitere Informationen und Anregungen benötigt, wendet sich an die örtlichen Kurverwaltungen.

8. Schliersee

Seehöhe 785 m ü. N.N., max. Tiefe 37 m

Anfahrt

Mit dem Auto auf der A 8 von München oder Salzburg kommend, bis zur Ausfahrt Weyarn und weiter auf der B 307 über Miesbach bis zur Ortschaft Schliersee.

Beschreibung

Der Schliersee, der nur durch einen Bergkamm getrennt vom Tegernsee liegt, ist ein beinahe ebenso beliebtes Ausflugsziel wie sein großer Bruder. Eingerahmt in die schöne Bergkulisse des Wettersteingebirges befindet sich der See in einer Höhe von 785 m über dem Meeresspiegel. Im Sommer, wenn die Bauernhäuser ihren Blumenschmuck an den Balkonen haben und die Bergwiesen in voller Pracht blühen, lohnt schon deshalb ein Besuch zum Kaffeetrinken nach Schliersee. Da er aber wesentlich kleiner ist als der Tegernsee, erwärmt er sich in den Sommermonaten erheblich schneller. So kann man schon früher das Strandbad in Schliersee besuchen, wo sich die meisten Badegäste das Jahr über tummeln. Die durchschnittliche Wassertemperatur an der Oberfläche beträgt im Sommer 22°C, wobei es im Hochsommer auch schon mal 24°C sein können. Eine technische Besonderheit hat der Schliersee aufzuweisen, denn er wird durch zwei unterirdische Druckluftleitungen mit Sauerstoff angereichert. Die Anlage wurde 1982 installiert und verhindert den Rotalgenbewuchs, da diese sonst überhand nehmen und den tiefer lebenden Kleinstlebewesen die Nahrung nehmen würden.

Zweimal im Jahr, und zwar im März / April und im November, wird diese Anlage in Betrieb genommen, was sich dann auch auf die Sichtweiten auswirken kann. Der Seegrund besteht weitgehend aus Schlamm und Schlick, was beim Tauchen den Nachteil hat, dass bei der geringsten Grundberührung die Sicht gleich Null ist. Ansonsten gibt es im See außer einem üppigen Pflanzenbewuchs nicht viel zu sehen, vielleicht mit viel Glück eine Seeforelle oder Barsch. Es ist also nicht der typische klare, kalte Bergsee, den wir hier in dieser herrlichen Umgebung erwarten würden. Die Sichtweiten liegen bei ca. 3–5 m, wenn es allerdings vorher lange Zeit geregnet hat, kann die Sichtweite rapide auf wenige Zentimeter zusammenschrumpfen.

Tauchzeit und Schutzzonen

Im Schliersee ist das Tauchen mit Atemgerät mittels einer Allgemeinverfügung vom 6.6.1995 durch das Landratsamt Miesbach geregelt. Unter Beachtung der Schilfzonen und Naturschutzbereiche ist das Tauchen erlaubt. Erkennbar sind die Verbotszonen, wenn keine Schilder aufgestellt sind, an den orangen Bojen, die die Bereiche abgrenzen. Ganzjährig ist der Bereich um die

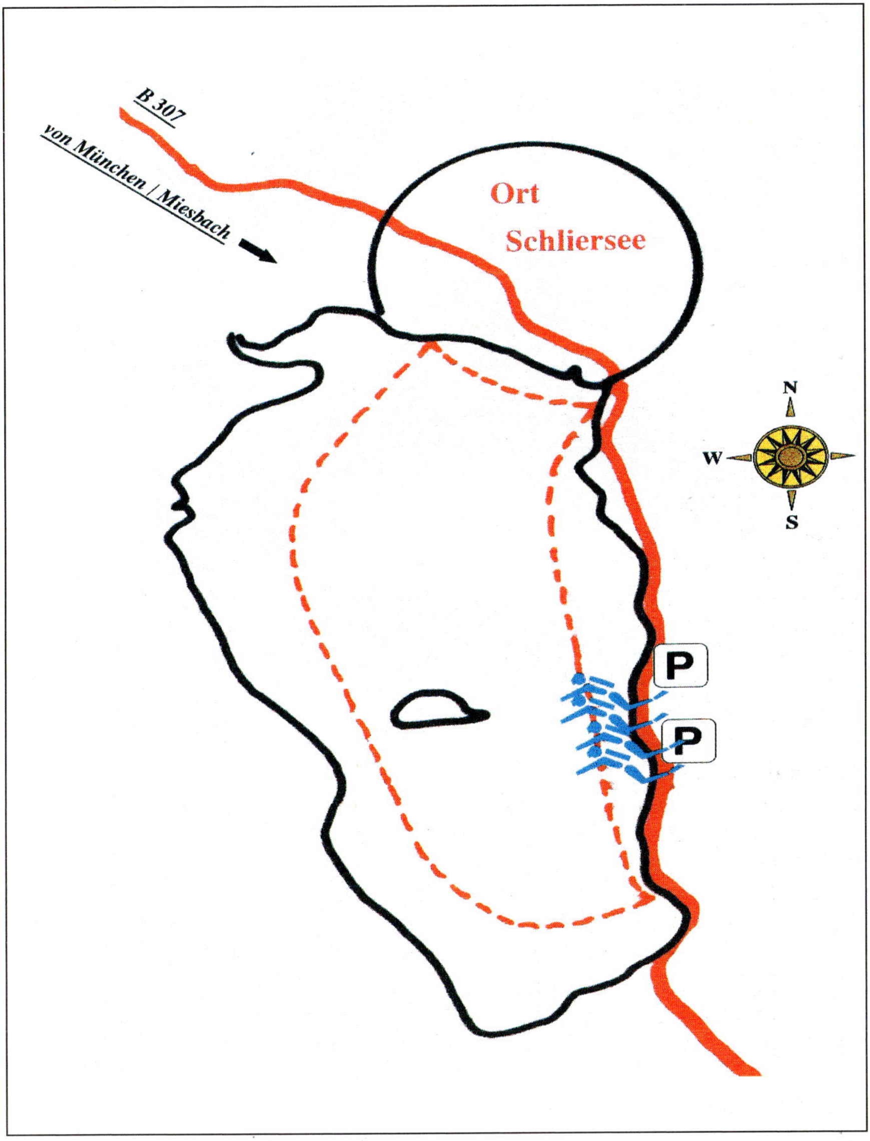

Insel Wörth für den Tauchsport gesperrt, ebenfalls der Bereich vom südlichen Fischhausen entlang der Westseite des Schliersees bis zum Campingplatz. Die derzeit aktuellen Verbote erfragt man am besten in Bad Wiessee am Tegernsee bei der Tauchschule Seegeister oder beim Landratsamt Miesbach.

Tiere und Pflanzen
Die Vegetation unter Wasser beschränkt sich auch hier auf Seegraswiesen und Schleimalgen / Rotalgen, die sich auf dem schlammigen Boden abwechseln. Dank der Sauerstoffanreicherung gibt es ein großes Fischvorkommen, zu sehen gibt es Zander, Hechte, Seeforellen, Aale und Schleien.

Tauchplätze
Von Miesbach aus kommend durch den Ort Schliersee durchfahren. Nach dem Ortsausgang bei Kilometer 9,5 und 10 befinden sich zwei Parkplätze. Hier ist es für Autofahrer am einfachsten, denn das Auto mit der Ausrüstung steht nur wenige Meter vom See entfernt. Beide Einstiegsstellen gleichen sich ziemlich, denn der Seegrund fällt seicht ab über schlammigem Boden und Seegraswiesen.

Flaschenfüllen und Tauchshops
Tauchschule Seegeister
Sanktjohanserstraße 10
83707 Bad Wiessee
Tel. 08022 / 83938

Aquasport Oberland
Bodenschneidstraße 1
83707 Bad Wiessee
Tel. 08022 / 82634

Dekokammern
Berufsfeuerwehr München
Notruf 089 / 112
oder
Rettungswache Bad Tölz
Notruf 08851 / 19222

Zentrum für Hyperbare Medizin
Notruf 089 / 548231-0

Touristeninfo
Fremdenverkehrsamt Schliersee
Tel. 08026 / 4069

Freizeitangebote
Das Freizeitprogramm rund um den Schliersee ist so reichhaltig wie abwechslungsreich. Rund um den See führt ein 7 km langer Wander- und Radweg, auf dem man die schönsten Badeplätze um den See erreicht, ohne den Menschenmassen, die sich an schönen Wochenenden um den See und besonders in der Ortschaft Schliersee tummeln, zu begegnen. Mitten im See liegt die Insel Wörth, die in Privatbesitz ist und auf die man im Sommer mit dem Dampfer gelangt, der von den Orten Schliersee und Fischhausen pendelt. Aber nicht nur auf dem Wasser ist viel geboten, auch ein Ausflug zu der Pfarrkirche St. Sixtus in Schliersee, die Fresken und Stuckarbeiten von Johann Babtist Zimmermann enthält, lohnt sich. Wer abends einmal Lust auf einen Besuch in einem

Oben: Bootsanleger im Schliersee.

Rechts: Die Sicht im Schliersee ist das ganze Jahr über nur mittelmäßig.

Bauerntheater hat, der ist in Schliersee am Xaver-Terofal-Platz richtig, beim Schlierseer-Bauerntheater. Wann welches Stück gespielt wird, erfährt man im Fremdenverkehrsamt oder bei Herrn Oberhorner unter der Telefonnummer 08026/4652. Auch das Heimatmuseum, in dem ein Einblick in die bäuerliche Wohnkultur und religiöse Volkskunst gegeben wird, ist einen Besuch wert. Das Heimatmuseum befindet sich im Schrödelhaus in Schliersee.
Rund um den Schliersee befindet sich ein unerschöpfliches Netz von Wanderwegen, auf denen zum Beispiel der 1257 m hohe Schliersberg erklommen werden kann. Wem das zu anstrengend ist, der hat die Möglichkeit, mit der Kabinenbahn von Schliersee aus hinauf zu fahren und auf der Schliersbergalm einen Kaffee zu genießen oder auf der Sommerrodelbahn, mit einer Länge von 950 m, seinen Spaß zu erleben.
Im Winter bietet das nahe gelegene Spitzingseegebiet die Möglichkeit, Ski zu fahren und auf dem zugefrorenen Schliersee das Eislaufen zu probieren. Rundherum ist die Gegend um den Schliersee einen Besuch wert, auch wenn der See nicht unbedingt ein taucherisches Highlight darstellt.

9. Tegernsee

Seehöhe 725 m ü. N.N., max. Tiefe 72 m

Anfahrt

Von München aus auf der A 8 Richtung Salzburg bis zur Ausfahrt Holzkirchen und dann auf der B 318 immer weiter bis zur Ortschaft Gmund am Tegernsee. Dort folgt man auf der B 318 rechts um den See bis zur Ortschaft Bad Wiessee. Hier befindet sich die Tauchschule Seegeister, bei der die aktuellen Tauchzonen und Verbote in Erfahrung gebracht werden können.

Beschreibung

Der Tegernsee liegt etwa 50 km südlich von München und ist der am stärksten umsiedelte See Oberbayerns. Er ist etwa 7,5 km lang und 2,5 km breit und kann, dank einer Ringkanalisation, mit einer hervorragenden Wasserqualität aufwarten. TaucherInnen stellen aber bei weitem nicht die Hauptbesucher des Tegernsees dar, was bei den guten Sichtweiten und dem sauberen Wasser erstaunlich ist. Im Norden liegt das Gut Kaltenbrunn, von dem aus man einen guten Blick über den ganzen See hat. Hier treffen zwei Dinge aufeinander, nämlich kulturelle Veranstaltungen und ein gemütlicher Biergarten.
Durch die schöne landschaftliche Lage ist der Tegernsee an schönen Sommer-Wochenenden nicht immer so unproblematisch zu erreichen, denn auf der Zufahrtsstraße von München aus geht oft gar nichts mehr. Es herrscht dann ein Verkehrschaos, das man sich, falls die Möglichkeit besteht, nicht antun sollte. Ein Tauchausflug ist unter der Woche auch viel schöner, wenn man nicht zuvor schon drei Stunden im Stau gestanden hat.
Die Wassertemperatur an der Oberfläche liegt auch im Sommer nur bei ca. 18°C, der Trockentauchanzug sollte also nicht fehlen. Steilwände wie im Walchensee findet man hier nicht, jedoch mitunter sehr gute Sichtweiten und eine intakte Fauna und Flora. Da es sich auch hier um einen Bergsee handelt, sollte aufgrund der geänderten Nullzeit ein Dekotauchgang vermieden werden.

Tauchzeit und Schutzzonen

Das Tauchen mit Atemgerät ist auch hier vom Landratsamt Miesbach mit der Allgemeinverfügung vom 6.6.1995 festgelegt. Die Tauchzonen werden immer wieder neu eingeteilt, um ein Übertauchen des Sees zu vermeiden, und aus diesem Grund sollte vor jedem Tauchgang der Weg zu der Tauchschule Seegeister in Bad Wiessee führen. Hier erhalten Sie die nötigen aktuellen Informationen und Tips für einen gelungenen Tauchausflug.

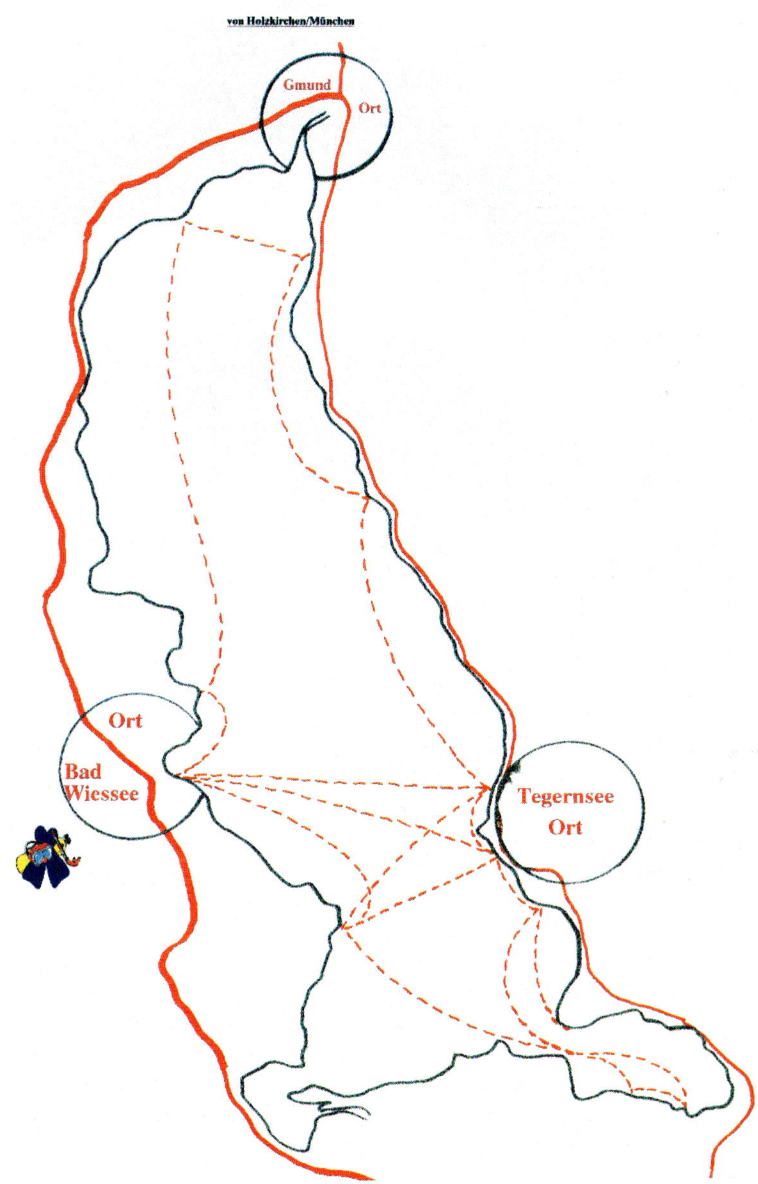
von Holzkirchen/München
Gmund
Ort
Ort
Bad
Wiessee
Tegernsee
Ort

Tiere und Pflanzen
Fische gibt es genügend, die man mit etwas Glück auch zu Gesicht bekommt. So zum Beispiel Hechte, Seeforellen, Schleien, Karpfen, Rutten und Saiblinge. Die Pflanzen beschränken sich auf das Seekraut.

Flaschenfüllen / Tauchshops

Tauchschule Seegeister
Sanktjohanserstraße 10
83707 Bad Wiessee
Tel. 08022 / 83938

Aquasport Oberland
Bodenschneidstraße 1
83707 Bad Wiessee
Tel. 08022 / 82634

Dekokammern
Berufsfeuerwehr München / Feuerwache 5
Notruf 089 / 112
oder
Rettungswache Bad Tölz
Notruf 08851 / 19222

Zentrum für Hyperbare Medizin München
Notruf 089 / 548231-0

Touristeninfo

Landratsamt Miesbach
Tel. 08025 / 704324

Fremdenverkehrsamt Gmund
Tel. 08022 / 750527

Kuramt Bad Wiessee
Tel. 08022 / 86030

Freizeitangebote
Am Tegernsee befindet sich im gleichnamigen Kurort Tegernsee das um das Jahr 746 gegründete Benediktinerkloster. Eines der ältesten und bedeutendsten Klöster in Bayern. In der ehemaligen Kloster- und heutigen Pfarrkirche St. Quirin sind besonders die von Hans Georg Asam gefertigten Fresken sehenswert. Bei einem weiteren Rundgang durch den Ort stößt man noch auf weitere bekannte Namen von Persönlichkeiten, die hier gelebt und gearbeitet haben, wie zum Beispiel das Gulbransson-Museum oder das Ludwig-Thoma-Haus.
Rund um den Tegernsee ist ein großes Netz von Wanderwegen und Mountainbike-Strecken vorhanden, die einen immer wieder in schöne Winkel des Tegernseer Tals führen. Wem das zu viel Action ist, der kann von Rottach-Egern aus mit der Seilbahn auf den Wallberg (1722 m) fahren und die schöne Aussicht über das Tegernseer Tal genießen. Für die Familie, die im Frühjahr und

Oben: Typisch bayerischer Postkartenblick von Nord nach Süd über den See.

Rechts: Dieser alte Slipwagen hat als Tauchattraktion noch Verwendung gefunden.

Links: Die Pfähle des Stegs am Segelhafen in Bad Wiessee.

im Herbst aufgrund der zu kalten Wassertemperaturen im See nicht baden gehen kann, reizt ein Besuch im Hallenbad von Tegernsee. Dort befindet sich eine Wasserrutsche und alles was Kindern Spaß macht. Die gesamte Region gehört aber zu den teuersten Flecken von Deutschland. Diese Tatsache sollte man nicht vergessen, wenn man hier Urlaub macht.

10. Starnberger See

Seehöhe 584 m ü. N.N., max. Tiefe 128 m

Anfahrt

Von München aus auf der A 95 Richtung Garmisch-Partenkirchen, bis zu dem Autobahndreieck Starnberg und da auf die A 952 Richtung Starnberg abzweigen. Um zum Ostufer Richtung Berg zu gelangen, zweigt man bei der Ausfahrt Percha ab und hält sich Richtung Seeshaupt / Berg. Zum Westufer folgt man der Autobahn bis zum Ende und bleibt dann weiter im Ort Starnberg Richtung Feldafing / Tutzing.

Beschreibung

Der Starnberger See ist der Haussee der Münchner, denn er liegt nur ca. 30 km südwestlich von München. Mit einer Gesamtlänge von 25 km und einer Breite von bis zu 6 km ist er nach dem Chiemsee der zweitgrößte See in Bayern. Der gesamte See ist von Wiesen und Wäldern mit kleinen Ortschaften umgeben und so reizvoll, dass schon im 17. Jahrhundert der Wittelsbacher Kurfürst Ferdinand Maria hierher zur Sommerfrische kam. Nicht zu vergessen König Ludwig II. Er hat auf dem Schloss-Berg seine „Sissi“ kennen gelernt. Am 13. Juni 1886 ertrank er unter mysteriösen Umständen. Rund um den See trifft man immer wieder auf königliche Spuren und kann auf ihnen wandeln.
Mit einer maximalen Tiefe von 128 m gehört er zu den echten Highlights in Bayern, denn am Ostufer bei Allmanshausen ist „Drop-off“ Tauchen angesagt. An der Steilwand unterhalb der Wasserwachtstation geht es bis über 120 m Tiefe hinab. Daher muss dieser Platz nur geübten Tauchern vorbehalten sein, denn hier hat sich schon so mancher überschätzt und es mit dem Leben bezahlt. Grundsätzlich gilt hier: Tauche nie allein und immer mit der dafür richtigen Ausrüstung.
Für alle, die nicht so auf Steilwände und ewige Dunkelheit stehen, eignet sich dann eher das Westufer mit seinem seicht abfallenden Sandgrund und teilweise umgestürzten Bäumen. Hier ist also für jeden Geschmack etwas dabei, und wem das Tauchen zu viel wird, der kann an den zahlreichen Badestränden rund um den See glücklich werden. Je nach Jahreszeit und Niederschlagsmengen schwanken die Sichtweiten und können in günstigen Fällen um die 20 m betragen. Die durchschnittliche Oberflächen-Temperatur im Sommer liegt bei ca. 19°C, was einen Trockentauchanzug oder zumindest einen Halbtrockenen empfiehlt. Vor allem im Sommer ist der See von vielen Münchner Tauchschulen und Badegästen bevölkert, und dementsprechend viel Verkehr quält sich über die völlig überlasteten Uferstraßen. In der heißen Jahreszeit stellt ein früh angesetzter Tauchgang die stressfreieste Variante dar, zumal im Bereich von Berg / Allmanshausen ein Fahrverbot an der Uferstraße besteht und man die Ausrüstung am besten mit einem Handwagen zum See befördert.

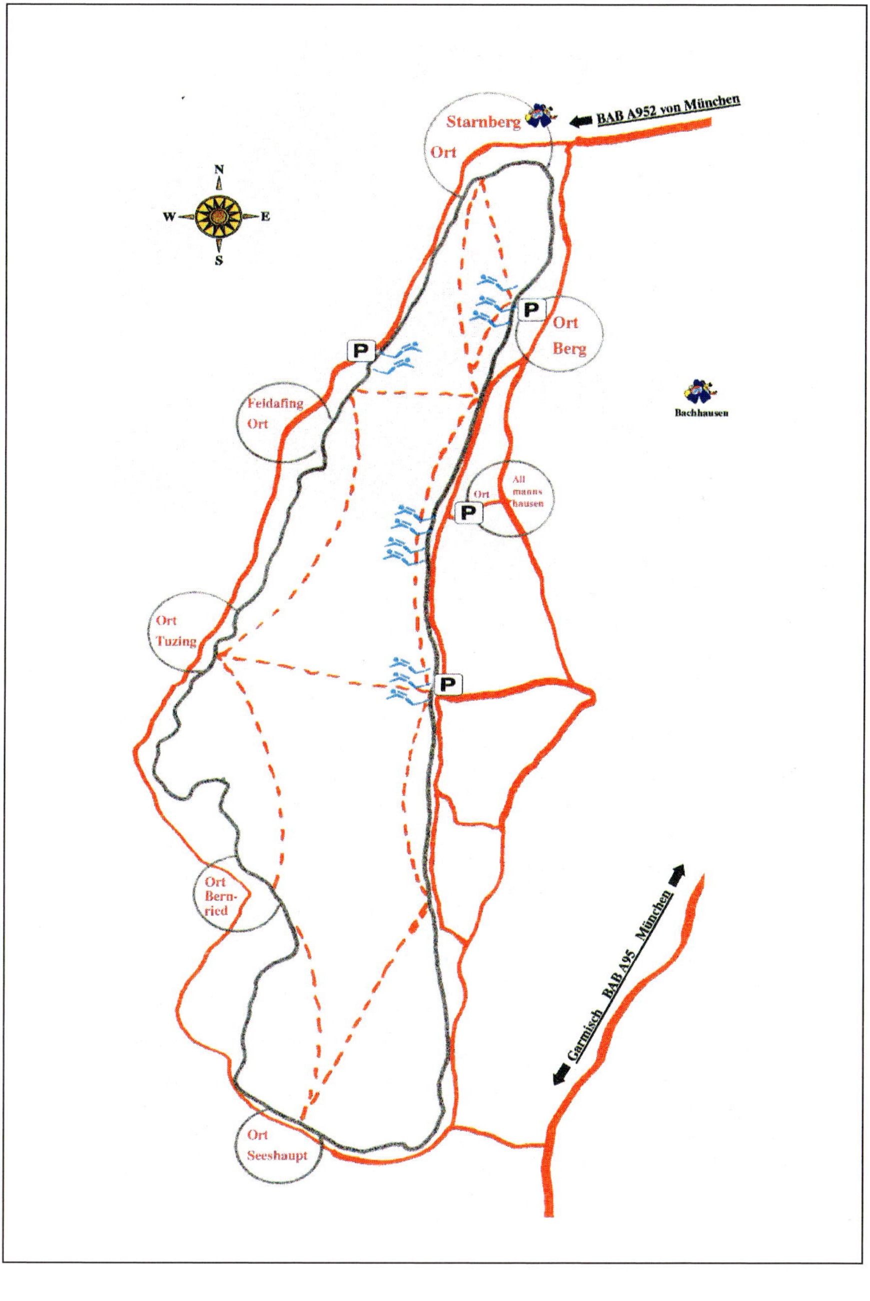
BAB A952 von München
Starnberg
Ort
N
W
E
S
Ort
Berg
Bachhausen
Feldafing
Ort
All
manns
hausen
Ort
Ort
Tuzing
Ort
Bern-
ried
Garmisch BAB A95 München
Ort
Seeshaupt

Tauchzeit und Schutzzonen
Geregelt ist das Tauchen im Starnberger See durch die Allgemeinverfügung vom 21.7.1997 vom Landratsamt Starnberg. Verboten ist das Tauchen grundsätzlich im Bereich der Schifffahrtslinien, Naturschutzzonen und unterhalb von Allmanshausen, zwischen der Kapelle bei „Dem Wort des Lebens“ und südlich bis zur Wasserwachtstation vom 15. Oktober bis 1. März wegen des Laichschutzes. Nähere Informationen erhält man bei den ortsansässigen Tauchschulen oder dem Landratsamt Starnberg.

Tiere und Pflanzen
Bei viel Glück und der richtigen Jahreszeit sieht man Saiblinge, Seeforellen, Aale und Barsche. Bei den Pflanzen beschränkt es sich auf Seegras und Schleimalgen.

Tauchplätze
<u>Steilwand bei Allmanshausen:</u>
Steilabfall mit teilweise Überhängen bis über 120 m Tiefe. Es besteht keine direkte Möglichkeit, mit dem Auto bis zum See zu gelangen. Man sollte einen Handwagen benützen, mit dem der See auch dann in 15 Minuten erreicht ist. Aber Vorsicht: nur für geübte TaucherInnen!

<u>Pfahlbauten bei Berg:</u>
Bei der Badewiese unterhalb des Keller-Verlags. Prähistorische Reste von Pfahlbauten.

<u>Ammerland neben dem Dampfersteg:</u>
Hier besteht die Möglichkeit, bei einem Nachttauchgang Aale zu beobachten. Ansonsten nur viel Sand und Steine.

<u>Badeplatz „Paradies“ am Westufer:</u>
Bei Possenhofen seicht abfallender Kies und Schlickgrund mit ein paar Baumresten. Der Tauchplatz befindet sich direkt im Badegelände mit Kiosk und Biergarten, daher sehr familienfreundlich.

Flaschenfüllen und Tauchshops
Tauchcenter Orca
Dürrberg 13a
82336 Assenhausen/Berg
Tel. 08151 / 14444

Oben: *Der Ort Berg lädt nicht nur zum Tauchen ein.*

Rechts: *Steilwand Allmannshausen, hier ist durchaus Vorsicht geboten.*

Tauchen und Freizeit
Dorfstraße 17
82335 Berg
Tel. 08151 / 50217

Dekokammern
Berufsfeuerwehr München
Notruf 089 / 112
oder
Rettungsleitstelle Fürstenfeldbruck
Notruf 08141 / 19222

Zentrum für Hyperbare Medizin München
Notruf 089 / 548231-0

Touristeninfo
Fremdenverkehrsamt Starnberg
Tel. 08151 / 90600

Landratsamt Starnberg
Tel. 08151 / 1480

Freizeitangebote
Um den See gibt es eine sehr gut erschlossene touristische Infrastruktur, die keine Wünsche offen lässt. So findet man vom Golfplatz bei Tutzing bis zum Wasserskifahren in Pöcking / Possenhofen alles, was gut und teuer ist. In vielen Orten rund um den See besteht die Möglichkeit, sich Segelboote zu mieten oder in einer Segelschule sogar einen Kurs im Urlaub zu absolvieren. Für die Familie bieten sich die Naherholungsgelände in Possenhofen, Percha oder in Seeshaupt an. Dort besteht nicht nur die Möglichkeit, im See zu schwimmen, sondern die ganze Familie kann sich auf einem Beach-Volleyballfeld ein spannendes Match liefern. Wer es lieber etwas ruhiger hat, der kann um den ganzen See wandern oder Rad fahren oder er setzt sich in Starnberg an der Seepromenade in das Café-Undosa und genießt die Aussicht auf die Starnberger Bucht.
Nicht weit von Starnberg lohnt ein Ausflug zu dem Kloster Andechs, einer der wohl bedeutendsten Wallfahrtsorte Süddeutschlands. In dem dazugehörigen Bräustüberl mit Biergarten sollte man sich Zeit für eine ausgiebige Brotzeit nehmen, bevor es wieder Richtung See geht. Dank seiner günstigen Lage lohnen sich bei geringem Aufwand auch Ausflüge in das Alpenvorland oder in die Landeshauptstadt München mit ihren vielfältigen Freizeitaktivitäten.

Oben: Auch in Bayern weit verbreitet, der Barsch (Perca fluviatilis)
Unten: Er ist eigentlich kein echter Bayer, der Aal (Anguilla anguilla).

11. Ammersee

Seehöhe 533 m ü. N.N., max. Tiefe 82 m

Anfahrt

Um zum Ostufer des Ammersees zu gelangen, folgt man der A 98 München / Lindau bis zur Ausfahrt Inning und weiter Richtung Breitbrunn / Herrsching. Zum Westufer geht es noch eine Autobahnausfahrt weiter bis Schondorf und dann Richtung Utting / Dießen. Um an den Wörthsee zu kommen, verlässt man die A 98 bereits bei der Ausfahrt Wörthsee und weiter über Etterschlag bis Steinebach am Wörthsee.

Beschreibung

Der Ammersee liegt im Fünf-Seen-Land, wo einst Gletscher „parkten“. Eingebettet zwischen Wäldern und Wiesen in einer leicht hügeligen Landschaft nur ca. 35 km vor den Toren Münchens. Der Ammersee ist mit einer Größe von 47 km^2 einer der größten Seen Bayerns, nicht weit von ihm entfernt liegt im Nordosten der Wörthsee, in dem allerdings das Tauchen nicht gestattet ist. Das Fünf-Seen-Land gehört zu einem der beliebtesten Naherholungsgebiete rund um München, das macht sich auch im Hochsommer an der Zahl der Besucher an Wochenenden bemerkbar, die von München aus die Seenlandschaft zu Wochenendausflügen nutzen. Am Ammersee findet man den längsten ununterbrochenen Uferweg, den es in Deutschland gibt, mit einer Länge von 10 km und einer Vielzahl von Naturschutzzonen und Freibädern. Wer am Wochenende oder in den großen Sommerferien über den See schaut, der wird eine Vielzahl von Segelbooten und Surfern entdecken, die den See nutzen, um ihrem Hobby nachzugehen. Um den See befinden sich rund herum viele kleine gepflegte Cafés und Restaurants, die zu einem Besuch einladen, ehe man sich in den nächsten Dampfer setzt und zu einem anderen Ort fährt oder sogar eine Seerundfahrt unternimmt. Der Ammersee ist von München aus bequem mit der S-Bahn zu erreichen, was einen spontanen Besuch noch einfacher gestaltet. Von Herrsching aus gibt es die Möglichkeit, entweder mit dem Bus oder mit einem gemieteten Fahrrad das Ufer rund um den See zu erkunden.
Als Taucher darf man sich nicht zu viel von dem See erwarten, denn er ist sehr versandet und bietet daher keine spektakulären Steilwände und Untiefen. Aufgrund seiner Beschaffenheit sind auch die Sichtweiten je nach Jahreszeit und Niederschlagshäufigkeit nicht besonders. Die durchschnittliche sommerliche Wassertemperatur an der Oberfläche liegt bei ca. 22°C mit einer Sichtweite von 2 bis max. 5 m. Daher ist er geeignet, um neue Ausrüstungsteile ungefährdet zu testen oder sich mit dem Kompass vertraut zu machen. Ansonsten kommt eher die Familie auf ihre Kosten beim Baden und im Biergarten.

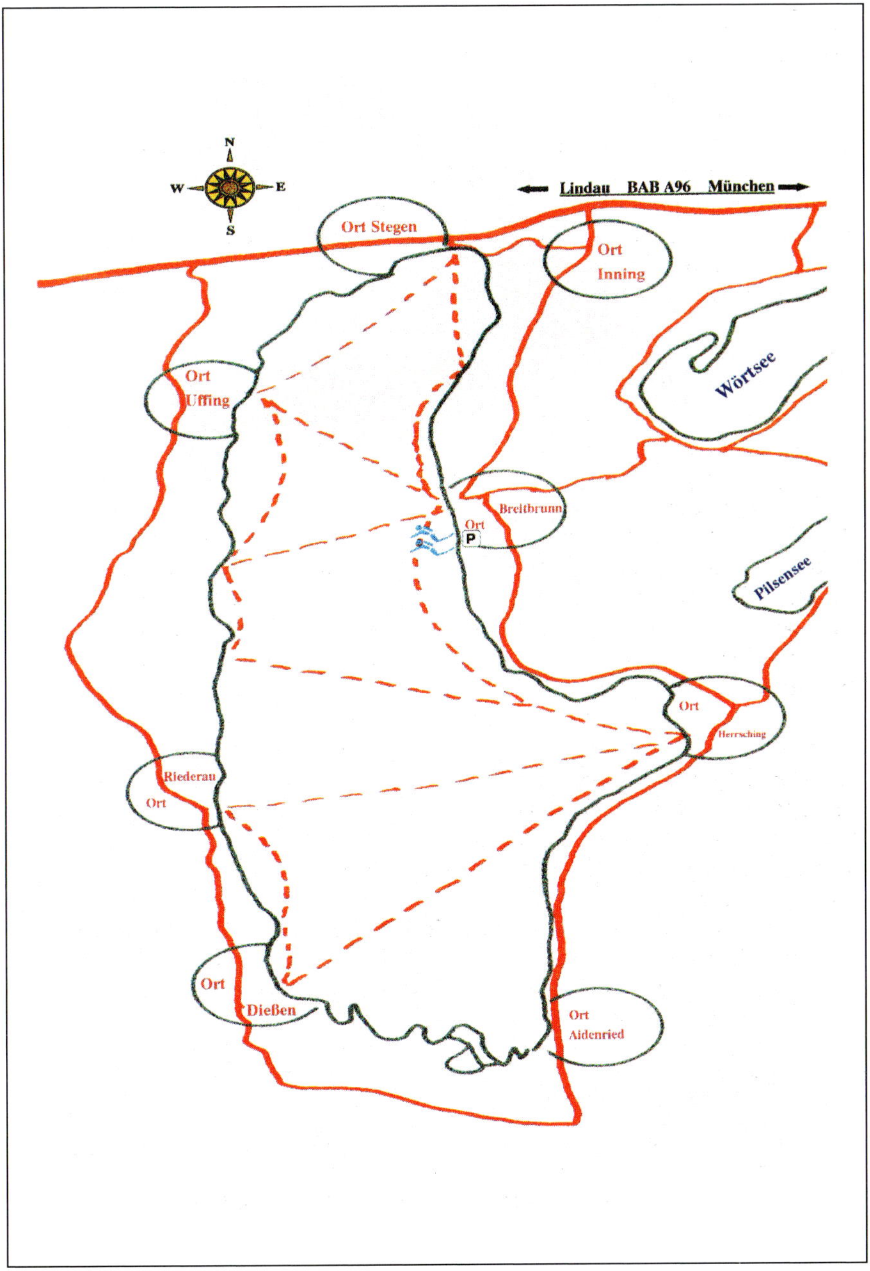
N
W
E
S
Lindau BAB A96 München
Ort Stegen
Ort
Inning
Ort
Uffing
Wörtsee
Breitbrunn
Ort
P
Pilsensee
Ort
Herrsching
Riederau
Ort
Ort
Dießen
Ort
Aidenried

Tauchzeit und Schutzzonen

Das Tauchen im Ammersee ist durch eine Allgemeinverfügung vom Landratsamt Landsberg a. Lech vom 8. 8. 1996 geregelt. Da es um den Ammersee sehr viele Naturschutzzonen und Naherholungsgebiete gibt, bleiben nicht viele Stellen übrig, die für das Tauchen geeignet sind. Wer nähere Informationen möchte, der wendet sich an das Landratsamt Landsberg a. Lech und fordert die Allgemeinverfügung mit einer beiliegenden Karte an.

Tiere und Pflanzen

In beiden Seen gibt es keine großen Unterschiede zwischen der Tier- und Pflanzenwelt. So gibt es Hechte, Barsche, Renken und Aale zu sehen und leichten Grünbewuchs und Schleimalgen.

Tauchplätze

Am Ammersee beschränken sich die Tauchplätze im Wesentlichen auf das Ostufer bei Breitbrunn und vor Fischen. Bei Breitbrunn empfiehlt es sich, sich mit einem Handwagen auszurüsten, denn die Ausrüstung muss einige Meter bis zum See getragen werden. Man parkt auf dem Parkplatz vor dem Dampfersteg und geht dann etwa 200 m die Seestraße südwärts, bis zwischen zwei Grundstücken ein schmaler Fußweg zum See führt; von hier sind es noch ein paar Stufen hinab zum See. Der Seegrund fällt hier sehr flach Richtung Seemitte und die 10-m-Marke wird kaum über dem sandigen Grund erreicht. Ansonsten gibt es hier kaum etwas zu sehen.
Die zweite Stelle ist von Herrsching aus südwärts am See Richtung Fischen / Dießen, kurz vor der Ortschaft Fischen an dem Surfstrand. Auch hier sehr flach abfallend über sandigem Untergrund, und ansonsten gibt es wenig zu sehen.

Flaschenfüllen und Tauchshops

Tauchcenter Orca
Dürrberg 13a
82336 Assenhausen/Berg
Tel. 08151 / 14444

Lobster Tauchsport GBR
Lochhauserstraße 21
82178 Puchheim
Tel. 089 / 89009172

Tauchsport Seeteufel
Münchnerstraße 27
82256 Fürstenfeldbruck
Tel. 08141 / 42028

Oben: Der Ammersee ist auch bei Seglern sehr beliebt.

Unten: Wenn es genügend Nährstoffe gibt, gedeiht das Raue Hornblatt (Ratophyllum demersum) prächtig.

Dekokammern
Berufsfeuerwehr / Rettungsleitstelle München
Notruf 089 / 112

Zentrum für Hyperbare Medizin
Notruf 089 / 548231-0

Touristeninfo
Fremdenverkehrsamt Herrsching
Tel. 08152 / 5227

Freizeitangebote
Rund um das Fünf-Seen-Land gibt es eine Menge unterschiedlichster Freizeitangebote rund ums Wasser sowie eine Vielzahl von kulturellen Angeboten und Sehenswürdigkeiten. Am Ammersee sind zahlreiche Strandbäder und Badeplätze, die einen Badeausflug angenehm gestalten. Ferner sorgt das kulinarische Angebot vom Restaurant über die Wirtschaft bis hin zum Biergarten für eine reichhaltige Abwechslung im Speiseplan.
Bei den kulturellen Angeboten sollte man Dießen nicht vergessen, wo eine lange kunsthandwerkliche Tradition vor allem in der Töpferei und Zinngießerei besteht. Jedes Jahr findet an Christi Himmelfahrt der traditionelle Töpfermarkt statt, der Leute von ganz Bayern in seinen Bann zieht. Auch ist ein Besuch auf dem Schloss Seefeld mit seiner drei Kilometer langen, 1778 angelegten Eichenallee einen Ausflug wert. Am Nordende des Ammersees in Eching liegt das Naherholungsgebiet mit Freibad und FKK-Strand. Am Südende hingegen blitzen bei Raisting einige Kilometer vom See entfernt die Parabolantennen der Satellitenfunkstation der Deutschen Telekom. Eine Tonbildschau informiert von Mo–Fr von 9–12 Uhr und 13–17 Uhr über die Hightech-Anlage und ihre Geschichte.
Von Herrsching aus ist es nicht weit zu Fuß nach Kloster Andechs über Leitenhöhe und Jägersteig durchs Kiental und zurück in 2,5 Stunden. Allerdings sollte man in dem Biergarten von Kloster Andechs ein wenig Zeit einplanen, denn die selbst gemachten Spezialitäten und das Bier sind schon allein einen Besuch wert. Wer wandern und Mountainbike fahren will, ist im Fünf-Seen-Land richtig aufgehoben, denn ein schier nicht endendes Netz von Wander- und Radwegen lässt es einen nicht langweilig werden.
Auf dem Ammersee werden von der Staatlichen Schifffahrt in Stegen Rundfahrten in verschiedenen Größen angeboten. Hier besteht auch die Möglichkeit, sich Tretboote und kleine Segelboote stundenweise zu mieten. Das sind nur ein paar Beispiele für die Freizeitgestaltung rund um den Ammersee, wer weitere Anregungen sucht, wendet sich an das Fremdenverkehrsamt in Herrsching.

Oben: Zu bieten hat der Ammersee für Taucher nicht besonders viel...

Unten: ... ab und zu einmal einen alten Bekannten.

12. Rottachspeicher

Seehöhe 850 m ü. N.N., max. Tiefe 30 m

Anfahrt

Von Memmingen / Ulm aus auf der A 7 Richtung Füssen bis zur Ausfahrt Oy, von hier sind es nur noch wenige Kilometer bis zur Ortschaft Petersthal und Moosbach am Rottachspeicher. Eine andere Route führt ab dem Autobahnkreuz Allgäu auf die A 980 Richtung Lindau bis zur Ausfahrt Durach. Von dort über Sulzberg auf dem ausgeschilderten Weg nach Moosbach und Petersthal. Hier gibt es auf den ausgewiesenen Parkplätzen an den Freizeitanlagen genügend Parkplätze in Seenähe.

Beschreibung

Herrlich eingebettet im Herzen des Allgäus liegt südwestlich von Kempten der Rottachspeicher. Der 1986 angelegte und zur Stromgewinnung genutzte Speichersee bringt es auf eine maximale Tiefe von 30 m bei einer maximalen Wasserschwankung von 10 m. Die Seefläche beträgt 300 ha unter Normalstau, bei einer Seebreite von 900 m und einer Länge von ca. 5 km. Da er auf einer Höhe von 850 m ü. N.N. liegt, zählt er zu der Kategorie Bergsee mit einer geänderten Nullzeit, die man beim Tauchen beachten sollte. Rund um den See gibt es zwei Einstiegsstellen für TaucherInnen. Beide befinden sich jeweils in den Freizeit- und Badebereichen in Moosbach und Petersthal. Um die angespannte Situation im Tauchsport im Allgäu nicht unnötig zu verschärfen, sollten sich alle Tauchwilligen an diese Tauchplätze halten und die Vorschriften befolgen, sonst endet es hier wie schon an so vielen Tauchgewässern im Voralpenland, wo Tauchverbote an der Tagesordnung sind.
Da die Sichtverhältnisse im See sehr unterschiedlich sein können, sollte jeder, der hier zum Tauchen geht, über eine starke Lampe verfügen, denn es ist in 10 m Tiefe schon am Tag stockdunkel wie bei einem Nachttauchgang. Ferner sollte man über Kenntnisse im Kompasstauchen verfügen, denn bei der teilweise schlechten Sicht fällt es einem sonst schwer, wieder an seiner Einstiegsstelle herauszukommen. Für Tauchanfänger ist es daher nicht zu empfehlen, hier ohne einen routinierten Tauchbegleiter ins Wasser zu steigen. Jedoch für Freunde der kleinen Details ist der See ein wahres Dorado. Besonders zu erwähnen sind die Süßwasserkrebse, die hier mit ihrer Größe schon mit Langusten aus dem Mittelmeer konkurrieren können. Sie findet man am besten in den Seegraswiesen bis zu einer Tiefe von 6 m. Bizarr wirken auch die Überreste von Bäumen, die mit Schleimalgen überzogen in den schlammigen Untergrund des Sees versunken sind und im moorigen Wasser wie Korallen aussehen. Die sommerlichen Oberflächen-Temperaturen des Sees bewegen sich bei ca. 20°C. Um jedoch die Krebse länger beobachten zu können, sollte man doch zu einem Trockentauchanzug greifen.

Beide Taucheinstiegsstellen sind besonders familienfreundlich mit großen Liegewiesen mit Sanitärgebäuden. Ein Kiosk sorgt für das leibliche Wohl der Familie an dem größten und zugleich höchstgelegenen Badesee des Oberallgäus.

Tauchplätze

Zwei Einstiegsstellen gibt es, die eine bei der Freizeitanlage in Moosbach und die andere in Petersthal, ebenfalls am Badegelände. In Moosbach rechts neben dem Surfplatz an der gespannten Bojenkette beginnt der für Taucher gesperrte Bereich. Die Sperrung des genannten Bereiches dient der eigenen Sicherheit, denn bei dem Pegelhaus öffnet sich auf dem Seeboden der Grundabfluss, der das Kleinkraftwerk speist. TaucherInnen, die in diesen Sog kommen, haben keine Chance, sich zu retten. An beiden Stellen ist es ab einer Tiefe von 10 m Nacht aufgrund des dunklen schlammigen Untergrundes, den es nur hier zu sehen gibt. Es lohnt sich also gar nicht hier zu tauchen, um auf Tiefe zu kommen, eher interessant ist der Bereich zwischen 2 und 8 m. Denn hier gibt es in der Vegetationszone jede Menge zu entdecken. Je nach Niederschlag und Aufkommen von Badegästen schwanken die Sichtweiten von gleich Null bis 8 m maximal.

Tauchzeit und Schutzzonen

Das Tauchen am Rottachspeicher ist durch eine Allgemeinverfügung vom Dezember 1997 geregelt, diese kann vom Landratsamt Oberallgäu in 87527 Sonthofen, Oberallgäuer Platz 2, Abteilung Wasserrecht angefordert werden. Ansonsten erkundigt man sich vor Ort, wie es um die aktuelle Situation für das Tauchen bestellt ist.

Tiere und Pflanzen

An Fischarten gibt es Hechte und Weißfische. Erstaunlich ist eine große Anzahl von Süßwasserkrebsen, die in ihrer Größe sonst nirgendwo vergleichbar in den offiziell zu betauchenden Seen vorkommen.

Flaschenfüllen und Tauchshops

Tauchsport-Kucki, PADI Dive-Center Shop & Schule
Bäckerstraße 17
87435 Kempten
Tel. 0831 / 20888

Dekokammern

Rettungsleitstelle Kempten
Notruf 0831 / 19222

Zentrum für Hyperbare Medizin
Notruf 089 / 548231-0

Touristeninfo

Fremdenverkehrsamt Kempten
Tel. 0831 / 2525237

Allgäuer Taucherhof
Friesenrieder Str. 2
87648 Aitrang
Tel. 08343 / 527

Auch die Amerikaner fühlen sich in Bayern wohl, wie dieser aus Amerika stammende Flusskrebs (Orconectes limosus).

Freizeitangebote

Rund um den Rottachspeicher gibt es unzählige Möglichkeiten, seinen Urlaub oder das verlängerte Wochenende aktiv zu verbringen. Angefangen von ausgiebigen Mountainbike-Touren im schönen Allgäu bis hin zu Museumsbesuchen und Wanderungen wird das Angebot rund um die Freizeit für die ganze Familie nicht so schnell langweilig. Besonders zu erwähnen sei der Freizeitpark Allgäu in Weitnau mit seinen reichhaltigen Attraktionen für Jung und Alt. Rund um den See gibt es zahlreiche Campingplätze zum Übernachten, oder man entschließt sich, Urlaub auf dem Bauernhof zu verbringen, um von dort den Rottachspeicher oder die nahe gelegenen Bergseen in Tirol tageweise zu betauchen. Leider ist der Rottachspeicher der einzige See im gesamten Allgäu, der zu betauchen ist, alle anderen liegen in Naturschutzgebieten oder befinden sich in Privatbesitz. Daher wäre noch zu erwähnen: Wer im Allgäu oder im angrenzenden Tirol geführte Tauchgänge unternehmen möchte, der wende sich am besten an den Allgäuer Taucherhof in Aitrang. Das Dorf ist durch die Aktivitäten rund ums Sporttauchen gerade in den letzten Jahren bekannt geworden. Hier kommen nicht nur TaucherInnen auf ihre Kosten, sondern auch Freunde von Rafting, Canyoning oder Flusswandern. Der Allgäuer Taucherhof sorgt mit einem abwechslungsreichen Angebot dafür, dass es niemanden im Allgäu an aktiver Freizeitbetätigung mangelt.

Oben: Ein Ausflug mit der ganzen Familie lohnt sich hierher immer.

Unten: Der Flusskrebs (Orconectes limosus) wächst im Rottachspeicher zu einer beachtlichen Größe heran.

13. Oberpfälzer Seenlandschaft Murner See / Steinberger See

Murner See: 376 m ü. N.N., max. Tiefe 55 m
Steinberger See: 360 m ü. N.N., max. Tiefe 55 m

Anfahrt
Der Murner und Steinberger See sind beide von München aus kommend über die Autobahn A 93 München–Regensburg bis zur Ausfahrt Wackersdorf leicht zu erreichen. Von hier aus folgt man der Ausschilderung „Seengebiet" bis zu den Seen.

Beschreibung
Die Oberpfälzer Seenlandschaft verdankt ihre Existenz dem hier einst heimischen Braunkohleabbau. Seit vielen Jahren stehen jedoch die Förderbänder des Tagebergbaus still und die riesigen Gruben wurden geflutet und bilden heute eine riesige Seenlandschaft rund um Wackersdorf. Diese Seen erstrecken sich auf einer Gesamtfläche von 600 ha und bilden heute die Oberpfälzer Seenplatte, von denen sich besonders der Murner und der Steinberger See zum Tauchen eignen. Sie sind seit Jahren bei vielen einheimischen TaucherInnen ein beliebtes Wochenendziel geworden. Jedoch nicht nur bei TaucherInnen sind die Seen ein beliebtes Ziel geworden, in der Zwischenzeit hat sich ein wahres Freizeiteldorado vor den Toren Wackersdorf gebildet, zur Freude der Fremdenverkehrsämter in dieser Region, die viele Jahre nur Industrieanlagen um sich herum hatte und sich heute zu einer Freizeitregion gewandelt hat.
Das Tauchen in den beiden Seen sollte jedoch sorgfältig geplant werden; da es sich ja um geflutete Flöze handelt, ist der Seeuntergrund teilweise dunkel. Man sollte nicht ohne eine starke Lampe hier zum Tauchen gehen. Je nach Witterung und Niederschlägen schwanken die Sichtweiten in den Seen von 2–10 m, bei einer Oberflächen-Wassertemperatur im Sommer von ca. 20°C. Ab einer Tiefe von 10 m wird es auch hier empfindlich kälter, und man sollte zumindest mit einem Halbtrockentauchanzug ins Wasser gehen. Wegen der nicht zu unterschätzenden Tiefe von bis zu 55 m, die aber nicht ausgeschöpft werden sollte, da hier einige Stressfaktoren für Taucher zusammenkommen wie Kälte, Dunkelheit und vor allem der Tiefenrausch, empfiehlt es sich, den Dekocomputer immer im Auge zu behalten und eine maximale Tauchtiefe von 30 m nicht zu überschreiten.
Zu sehen gibt es hier an den teilweise senkrecht abfallenden Steilwänden nicht besonders viel, außer in den oberen Regionen einige Barsche, die hier ein Zuhause gefunden haben. Ein besonderes Highlight gibt es im Steinberger See, in dem sich eine bei Tauchern sehr beliebte Betonschiene befindet, die Taucher als „Rutsche" benutzen, um in die Tiefe zu gelangen.

Steinberger See

Murnersee

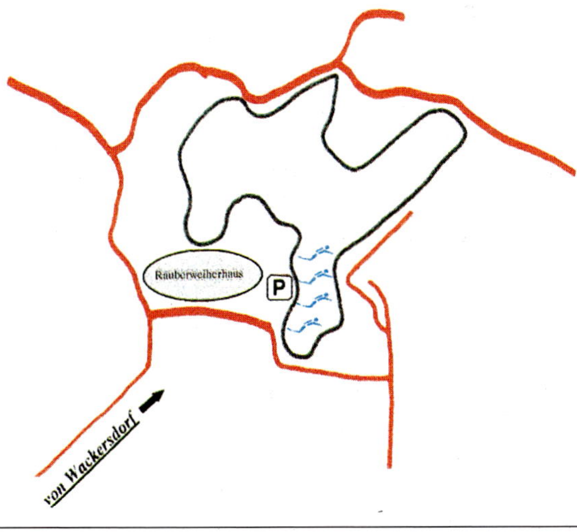

Das gesamte Seengebiet befindet sich, was das Tauchen betrifft, im Moment noch in den Kinderschuhen, aber der Zweckverband Oberpfälzer Seenland hat diesbezüglich seine Arbeit aufgenommen, und es wird sich in den nächsten Jahren noch einiges hier tun im Bezug auf das Tauchen. Es wäre nur zu wünschen, denn so ein teilweise spektakuläres Tauchrevier findet man nicht vor jeder Haustür.

Tauchzeit und Schutzzonen

Das Tauchen ist das ganze Jahr über erlaubt außer in den Naturschutzzonen und im Bereich der Wasserskianlage am Steinberger See. Momentan gibt es noch keine Tauchgenehmigungspflicht und Einschränkungen, aber im Interesse aller sollte man sich bei Unklarheiten bei dem Zweckverband Oberpfälzer Seenland nach dem aktuellen Stand der Dinge erkundigen. Tel. 09431/759340.

Tauchplätze

Am Murner See ist das Tauchen im Bereich des Camping- / Mobilheimplatz erlaubt, ansonsten befinden sich rund um den See Landschaftsschutzzonen, die nicht betaucht werden dürfen. Der Steinberger See verfügt über zwei Einstiegsstellen. Die eine befindet sich an der Wasserwachtstation bei der Konzert- und Liegewiese, die andere bei dem Parkplatz an der Landstraße zwischen Schwandorf und Steinberg. Hier befindet sich auch die Betonschiene, genannt die „Rutsche". Ansonsten sind rund um den See Naturschutzzonen oder Segelboothäfen zu finden und ein Wasserskilift, an denen nicht getaucht werden darf.

Tiere und Pflanzen

In den Seen gibt es, da die Wasserqualität sehr sauer ist, außer wenigen Barschen keine Fische. Der Pflanzenbewuchs beschränkt sich auf ein paar Schleimalgen und einige wenige submerse Kräuter.

Flaschenfüllen und Tauchshops

Atlantis Tauchcenter
Gewerbepark 30
93059 Regensburg
Tel. 0941 / 449099

FC Schwandorf, Abt. Sporttaucher
Herr Horst Maier
Tel. 09431 / 55847

Dekokammern

Zentrum für Hyperbare Medizin
Notruf 089 / 548231-0

Touristeninfo

Arbeitsgem. Oberpfälzer Seenplatte
Postfach 1880
92409 Schwandorf
Tel. 09431 / 45123

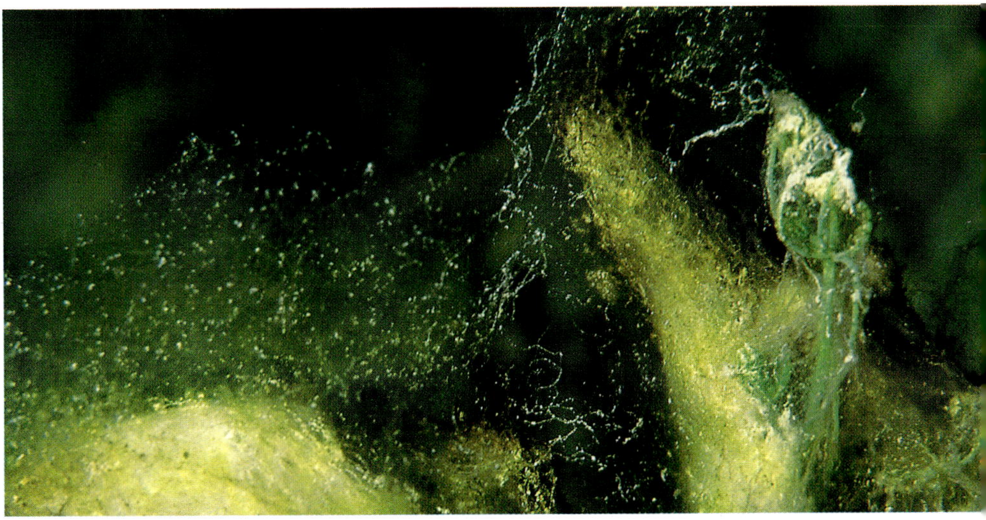

Die Welt unter Wasser ist wie die Region selbst: auch noch am Wachsen.

Freizeitangebote

Rund um die Oberpfälzer Seenplatte findet man jede Menge Freizeitspaß zu noch angenehm niedrigen Preisen, wie sie in dieser Gegend noch üblich sind. Möglichkeiten gibt es nach Herzenslust, angefangen vom Segeln und Surfen über das Wasserskifahren am Steinberger See an der eigens dafür angelegten Anlage mit Wasserskilift, bei der vom Könner bis zum Anfänger jeder unter der Anleitung von Profis zu seinem Glück kommt. Wer soviel Wasser nicht bevorzugt, der wird bei einer Radtour oder einem gemütlichen Ausritt in einem der Reiterhöfe auf seine Kosten kommen. Für Familien gibt es die Möglichkeit, einen Tagesausflug in den nicht weit entfernten Churpfalz Park in Loifling bei Cham zu unternehmen, in dem der Nachwuchs bei rasanten Fahrgeschäften seinen Spaß haben wird. Aber auch Naturliebhaber kommen im Naturpark Oberpfälzer Wald zur Ruhe und Entspannung, bei stundenlangen Wanderungen in unberührter Landschaft.

Besonders zu erwähnen ist die Möglichkeit, am Murner See mit dem Wohnmobil direkt am See zu parken. Besonders den Familien, die zum Tauchen mitfahren, kommt das zugute, denn die Kinder haben hier die richtige Umgebung, um sich auszutoben. Dennoch sollte darauf verzichtet werden, am See seinen mitgebrachten Tauchkompressor laufen zu lassen, denn damit stört man den Nachbarn und die Natur. Damit wir in ein paar Jahren auch noch so zum Tauchen gehen können, wie es derzeit hier möglich ist, sollte man sich an gewisse Spielregeln doch im Interesse aller halten.

14. Kochelsee

Seehöhe 599 m ü. N.N., max. Tiefe 66 m

Anfahrt

Von München aus auf der A 95 München Garmisch bis zur Ausfahrt Murnau/ Kochel und dann weiter über Schlehdorf nach Kochel am See. Dort rechts abzweigen und auf der B 11 Richtung Mittenwald die Ortschaft verlassen, bis auf der rechten Seite mehrere Parkplätze kommen.

Beschreibung

Eine knappe Autostunde von München entfernt liegt der Kochelsee, der im Süden von der steilen Kulisse des Herzogstandmassivs und im Norden von dem so genannten Rohrsee mit weiträumigem Verlandungsgebiet und Schilffeldern, dem Loisach-Kochelsee-Moor, umgeben ist. Die Wassertemperatur an der Oberfläche liegt im Sommer bei ca. 22°C, somit ist es ein Badesee für die ganze Familie, und beim Tauchen reicht auch ein halbtrockener Anzug. Aufgrund seiner Lage ist es nicht der typische Voralpen-Bergsee mit sensationellen Sichtweiten, sondern eher etwas, um seine Ausrüstung auszuprobieren. Der Seegrund ist meistens sehr schlammig, daher kann man je nach Jahreszeit und Niederschlagshäufigkeit öfters auch Pech mit den Sichtweiten haben. Zu sehen gibt es nicht sehr viel, außer ein paar kleinen Barschen und Wasserpflanzen, wenn man Glück hat.

Tauchzeit und Schutzzonen

Je nach Wetterlage und Niederschlagsmenge sollte man sich den See genau ansehen, ansonsten kann es leicht zum Blindflugtauchgang kommen, da der Schlamm sehr aufgewühlt ist. Das Tauchen ist unter Beachtung der Allgemeinverfügung vom 1.1.1999 außerhalb der Schutzzonen und Schifffahrtslinien erlaubt. Nicht erlaubt ist das Tauchen im Auslaufkanal des Walchenseekraftwerks und im Abstand von mindestens 100 m von den Kraftwerksanlagen, da dort starke Turbulenzen und Schwankungen auftreten können. Ferner im gesamten Nordufer zwischen Schlehdorf und Kochel am See.

Tiere und Pflanzen

Es gibt Renken und Barsche, der Pflanzenbewuchs beschränkt sich auf Schleimalgen.

Tauchplätze

Von Kochel am See kommend auf der B 11 Richtung Mittenwald, nach dem Ortsende bei der Firma Dorst. Gegenüber liegt der Parkplatz direkt am See oder 300 m weiter ein zweiter Parkplatz. An beiden Stellen geht es relativ zü-

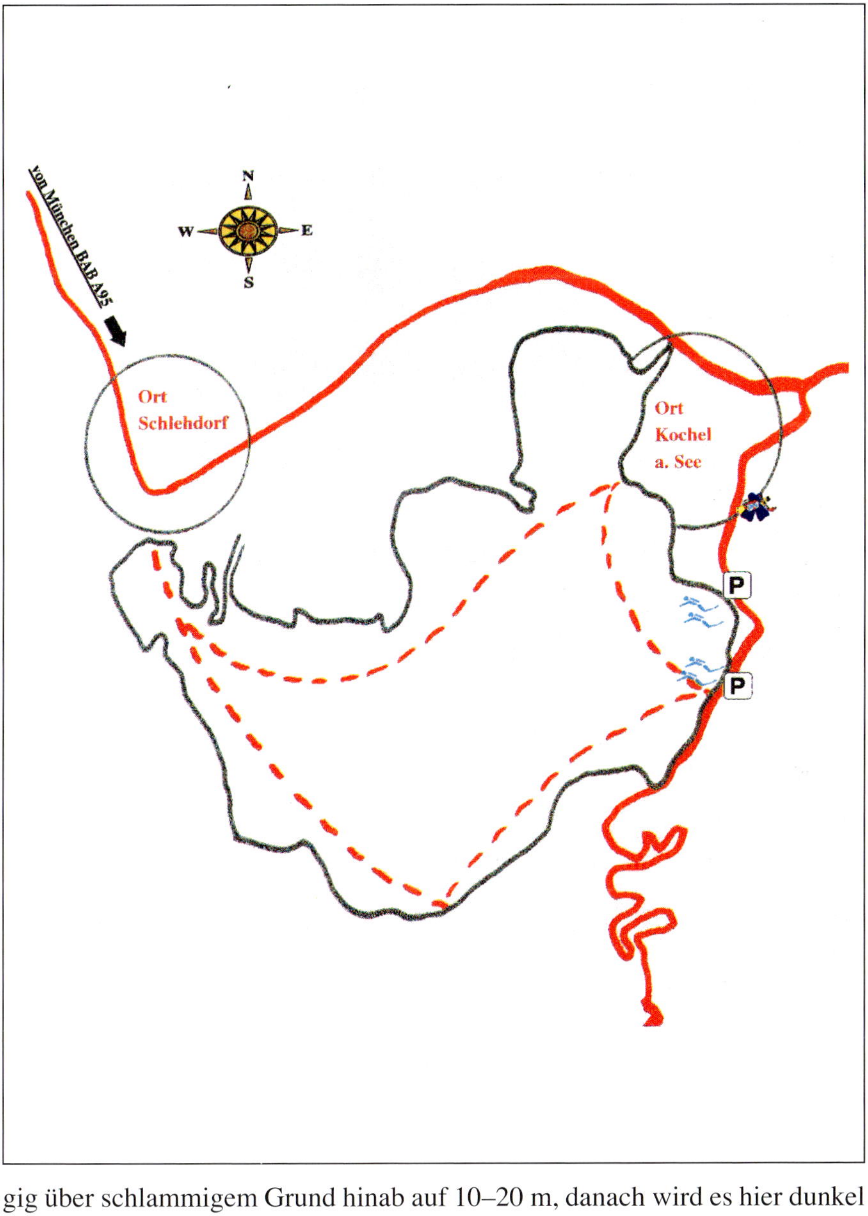

gig über schlammigem Grund hinab auf 10–20 m, danach wird es hier dunkel und außer Sand sieht man nicht viel. Im oberen Bereich begegnet einem immer wieder im Vegetationsgürtel verstreuter Zivilisationsmüll.

Flaschenfüllen / Tauchshops
Dive College GmbH
Graseckstraße 34
82431 Kochel am See
Tel. 08851 / 1750 (auch Nitrox Füllstation und Technical Diving)

Dekokammern
Berufsfeuerwehr München/Feuerwache 5
Notruf 089 / 112
oder
Rettungsleitstelle Bad Tölz
Notruf 08851 / 19222

Zentrum für Hyperbare Medizin München
Notruf 089 / 548231-0

Touristeninfo
Landratsamt Bad Tölz-Wolfratshausen
Bahnhofstraße 1
83646 Bad Tölz
Tel. 08041 / 5050

Verkehrsamt Kochel am See
Kalmbachstraße 11
82431 Kochel am See
Tel. 08851 / 338

Freizeitangebote
Am Kochelsee liegt eines der schönsten Badezentren Bayerns, nämlich das Trimini mit eigenem Strand und Riesenrutsche, ein Spaß für die ganze Familie. Mit seinem Angebot vom Sprudelbecken über die Sauna bis zur 90 m langen Allwetterrutsche ist für jeden etwas dabei. Wer lieber etwas Kulturelles erleben möchte, der ist im Franz-Marc-Museum, von April bis Oktober und vom 20. Dezember bis 15. Januar geöffnet, gut aufgehoben.
Ein weiteres Museum gibt es nur wenige Kilometer westlich bei der Ortschaft Großweil, nämlich das Freilichtmuseum Glentleiten mit seinen alten Bauernhäusern und Werkstätten, die dort originalgetreu wieder aufgebaut worden sind.
Man kann jedoch auch wandern und Rad fahren und dabei am Südufer das Walchenseekraftwerk besichtigen.
Das Informationszentrum ist täglich von 9–17 Uhr geöffnet. Wer aber nur zur Erholung gekommen ist und etwas zum Mittagessen sucht, der ist im Restau-

Oben: Sonntags am Kochelsee lohnt sich auch ein Spaziergang um den See.

Unten: Von Norden her blickt man auf den „Herzogstand“.

rant Grauer Bär in der Mittenwalder Str. 82–86 gut aufgehoben, denn da gibt es eine Kochelsee-Delikatesse, nämlich die frisch zubereiteten Renken. Wer weitere Anregungen sucht, der sollte sich an das Verkehrsamt in Kochel am See wenden.

15. Walchensee

Seehöhe 802 m ü. N.N., max. Tiefe 198 m

Anfahrt

An den Walchensee gelangt man von München aus in einer knappen Stunde über die A 95 München–Garmisch bis zur Ausfahrt Murnau / Kochel, weiter über Schlehdorf nach Kochel am See. Von dort rechts abzweigen und der B 11 Richtung Mittenwald über den Kesselberg bis Urfeld am Walchensee folgen.

Beschreibung

Mitten zwischen Karwendel und Wetterstein, die mit ihren bewaldeten Berghängen den Walchensee einrahmen, gehört er zu den landschaftlich am schönsten gelegenen Seen in Oberbayern. Mit seiner Größe von 16,4 Quadratkilometern und einer Tiefe von 198 m ist er der tiefste Bergsee Bayerns und damit schon mit gesundem Respekt zu betauchen. Schon im Mittelalter war die vom Walchensee zum Kochelsee führende Kesselbergstraße eine wichtige Handelsverbindung in das nahe gelegene Mittenwald. Heutzutage gehört sie zu den beliebtesten Rennstrecken für Motorradfahrer, die jedoch ihrem Hobby nicht an Wochenenden nachkommen dürfen, da sie dann wegen der zu hohen Unfallzahlen für Motorräder gesperrt ist. Die Ortschaft Walchensee liegt direkt am Fuß des Herzogstand (1761 m), einem beliebten Wander- und Ausflugsziel. Man erreicht es bequem mit der neu erbauten Großkabinenbahn, die auf den Berg führt. Auf der Südseite des Sees liegt eine schmale Mautstraße, die in das nicht weit entfernte Tal Jachenau führt, einem beliebten Wandergebiet. An der Mautstraße gibt es zahlreiche idyllisch gelegene Badebuchten, die im Sommer weniger frequentiert sind als der Surf- und Badestrand beim Walchensee. Der Walchensee ist nicht nur ein Münchner Tauchmekka, sondern auch eine Surferhochburg, bedingt durch die thermischen Winde, die sich bei schönem Wetter hier bilden. Die Wassertemperatur liegt an der Oberfläche im Sommer bei ca. 17°C. So sollte mindestens ein halbtrockener Tauchanzug, ein kältetauglicher Atemregler in doppelter Ausführung sowie eine Flasche mit getrennt absperrbaren Ventilen, die die Sicherheit des Tauchens erhöht, eingesetzt werden. Da es sich um einen Bergsee handelt, darf man die geänderte Nullzeit nicht vergessen, um nach Möglichkeit einen Dekotauchgang zu vermeiden.

Zwischen dem Frühjahr und dem Herbst gibt es bedingt durch das Walchenseekraftwerk Wasserstandsschwankungen bis zu ca. 6 m, die sich auch auf die möglichen Sichtweiten auswirken. Die besten Sichtweiten hat man im Herbst ab Ende September bis zur Schneeschmelze, wobei im Frühjahr der Einstieg an bestimmten Stellen, bedingt durch den niedrigen Wasserstand, eine gewisse Herausforderung an TaucherInnen darstellt.

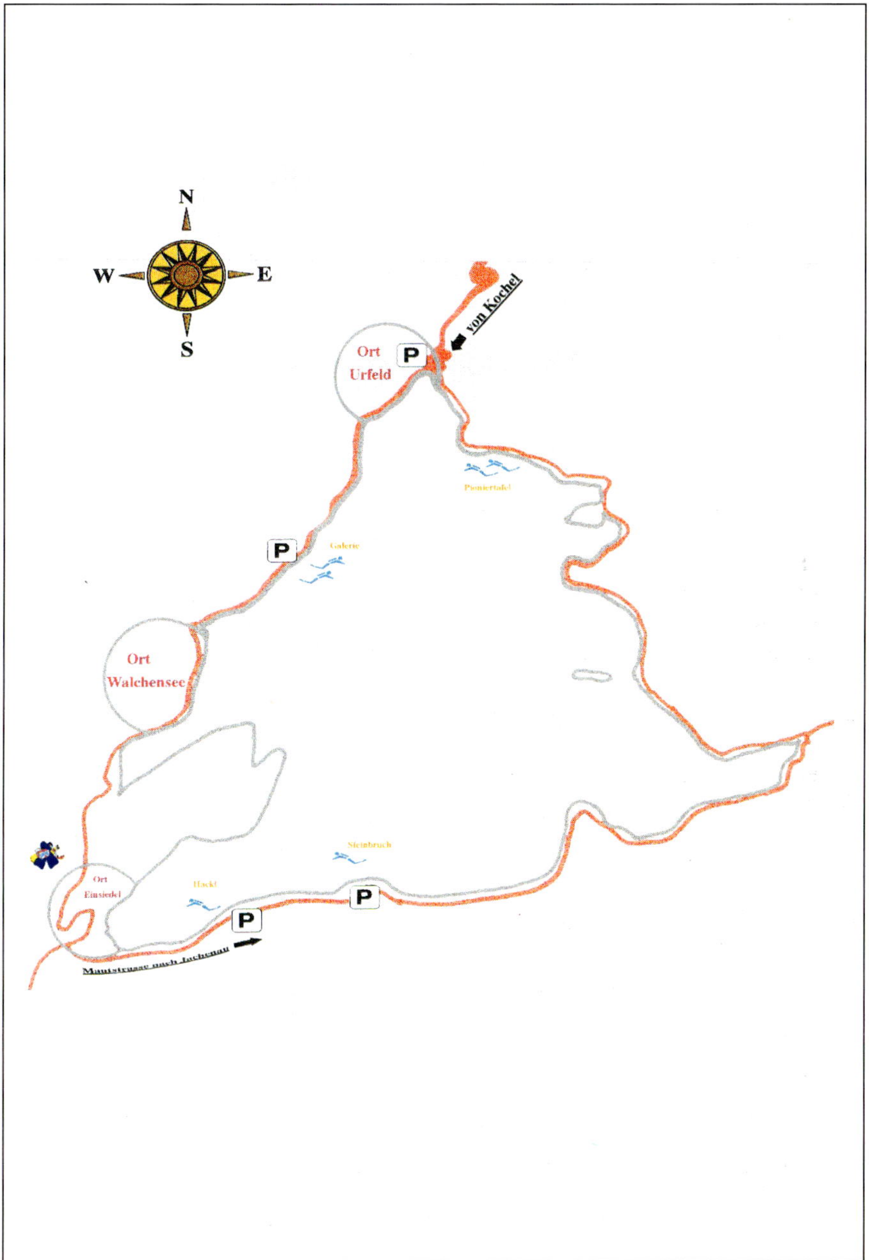
N
W
E
S
von Kochel
Ort Urfeld
P
Pioniertafel
P
Galerie
Ort Walchensee
Steinbruch
Ort Einsiedel
Hackl
P
P
Mautstrasse nach Jachenau

Tauchzeit und Schutzzonen
Die beste Jahreszeit zum Tauchen ist von Ende August bis zur Schneeschmelze, unter Beachtung der aktuellen Tauchverbote an den Schutzzonen, gemäß der Allgemeinverfügung vom 1.1.1999. Das Tauchen ist vom 15. Oktober bis 1. März im Bereich der B 11 vom Dainigbach bis zur Jugendherberge und am Südufer von Einsiedl bis zum Auslauf der Jachen bei Niedernach verboten. Ferner in den Sommermonaten vom 1. Juni bis 15. September in den Bereichen der öffentlichen Badeplätze Urfeld, Café Bucherer und Gasthaus Edltraud.

Tiere und Pflanzen
Zu sehen gibt es Hechte, Barsche, Renken, Saiblinge und Aale. An Pflanzen findet sich ein spärlicher Kräuterbewuchs.

Tauchplätze
Hackl VW Käfer
An der gebührenpflichtigen Mautstraße zwischen Einsiedl und Niedernach. Zu sehen gibt es keine Steilwand, aber ein paar Bäume, Felsen und dazwischen in ca. 17 m Tiefe bei normalem Wasserstand einen alten VW Käfer.

Steinbruch
Ebenfalls an der Mautstraße gibt es eine Geröllhalde, die sich bis 50 m hinab erstreckt, aber sonst keine weiteren Highlights zu bieten hat.

Galerie
An der B 11 zwischen Urfeld und Walchensee bei den Pegelhäuschen an dem Parkplatz unter der Lawinenverbauung. Zum Teil eine überhängende Steilwand, die bis 198 m hinabfällt. Auf der rechten Seite liegt zwischen 30 und 35 m ein alter Loyd.

Pioniertafel
Steilabfall, der nur mit dem Handwagen von Urfeld aus zu erreichen ist oder mit dem Boot, da er an der gesperrten Forststraße am Nordufer liegt. Auch hier liegt allerdings in knapp 50 m Tiefe ein weiterer VW Käfer, der allerdings nur von geübten Tauchern, die über die nötige Ausrüstung und Erfahrung verfügen, angetaucht werden sollte. Aber Vorsicht, hier gibt es auch noch Munitionsreste aus dem Zweiten Weltkrieg. Diese sollte man lieber liegen lassen, da sie unter Umständen noch scharf ist.
Weitere aktuelle Tauchplätze bitte bei den Tauchbasen erfragen.

Oben: Bilderbuchwetter am Walchensee.

Rechts: Sichtweiten bis zu 30 m sind hier möglich.

Rechts unten: Baumreste deuten an, dass der See vor seiner Stauung etwas flacher war.

Flaschenfüllen / Tauchshops
Tauchbasis Walchensee, „TOM“ Einsiedl 1
82432 Walchensee
Tel. 08858 / 381

Dive College GmbH
Graseckstraße 34
82431 Kochel am See
Tel. 08851 / 1750 (auch Nitrox Füllstation und Technical Diving)

Dekokammern
Berufsfeuerwehr München / Feuerwache 5
Notruf 089 / 112
oder
Rettungsleitstelle Bad Tölz
Notruf 08851 / 19222

Zentrum für Hyperbare Medizin München
Notruf 089 / 548231-0

Touristeninfo
Landratsamt Bad Tölz-Wolfratshausen
Bahnhofstraße 1
Bad Tölz
Tel. 08041 / 5050

Verkehrsamt Walchensee
Ringstraße 1
82432 Walchensee
Tel. 08858 / 714

Freizeitangebote
Rund um den Walchensee gibt es jede Menge Möglichkeiten, seine Freizeit aktiv zu gestalten. In den Sommermonaten bei schönem Wetter kommen die Surfer voll auf ihre Kosten. Im Bereich Urfeld bis Walchensee baut sich bei schönem Wetter ein thermischer Wind auf, mit Windstärken bis zu 6 Beaufort. Wem das zu viel ist, der kann auch auf den Herzogstand wandern oder mit dem Mountainbike Touren rund um den Walchensee unternehmen.
Für die ganze Familie gibt es Möglichkeiten, sich rund um den Walchensee zu beschäftigen. So zum Beispiel ein Besuch im Erlebnisbad Trimini in Kochel am See oder ein Besuch im Freilichtmuseum Glentleiten, das ca. 7 km von Kochel entfernt bei der Ortschaft Großweil liegt.

Oben: Ort und See mit gleichem Namen „Walchensee“.

Rechts: Bei der Galerie liegt auf ca. 35 m ein alter Lloyd.

Das sind nur einige Beispiele des großen Freizeitangebotes rund um den Walchensee, für weitere Anregungen sollte man sich an das zuständige Fremdenverkehrsamt in Walchensee wenden.
Eine besondere Einrichtung für Wohnmobilfahrer gibt es an der Mautstraße in die Jachenau. Hier hat man die Möglichkeit, in der Zeit zwischen 18 Uhr und dem darauf folgenden Tag bis 10 Uhr auf zwei ausgeschilderten Abstellplätzen, die auch mit Toiletten ausgerüstet sind, kostenlos zu übernachten.

16. Staffelsee

Seehöhe 649 m ü. N.N., max. Tiefe 35 m

Anfahrt

Über die A 95 München / Garmisch bis zur Ausfahrt Murnau / Kochel und weiter bis Murnau. Von dort sind es nur noch ein paar Kilometer bis zum See nach Seehausen, Rieden oder Uffing. Wer nicht über die Autobahn anreisen will, sondern gemütlich durch das Alpenvorland fahren möchte, der kann von München aus auf der Autobahn München / Garmisch bis nach Starnberg fahren und weiter auf der B 2 nach Murnau. Von hier aus ist es bis zum See gut beschildert.

Beschreibung

Eingebettet zwischen Wettersteingebirge im Süden, Ammergebirge mit Ettaler Mandl, Laber im Südwesten und der Benediktenwand im Osten liegt der Staffelsee mit seinem moorhaltigen weichen Wasser in einer Hügellandschaft bei Murnau, einem beliebten Luftkurort. Rundherum bietet einem die leicht hügelige Landschaft immer wieder die Möglichkeit zu ausgedehnten Wanderungen und Radtouren durch das Werdenfelser Land mit seinen Wiesen und Wäldern. In Uffing gibt es zwei Strandbäder, an denen an heißen Sommertagen die ganze Familie auf ihre Kosten kommt, denn der See kann im Sommer an der Oberfläche bis zu 27°C warm werden, seine Durchschnittstemperatur beträgt ca. 22°C. Das Wasser hat Trinkwasserqualität. Das Murnauer Moor rund um den Staffelsee im Süden ist mit 32 km^2 die größte unkultivierte Moosfläche im Alpenraum. Hier findet man auch noch Pflanzenarten, die es woanders schon lange nicht mehr gibt, daher gilt für Wanderer der Hinweis, bitte unbedingt auf den markierten Wegen zu bleiben, um der erhaltenswerten Natur nicht zu schaden.

Die Ortschaften rund um den Staffelsee sind gewachsene Bauerndörfer und stattliche Höfe, die sich in die Landschaft eingliedern und mit ihren reich verzierten Fassaden und geschmückten Gärten einen wunderschönen Anblick für den Wanderer abgeben.

Ein besonderes Ereignis ist die einzige noch erhalten gebliebene Bootsprozession an Fronleichnam. Diese geht auf die Insel Wörth, auf der im 5. Jahrhundert eine Bischofskirche stand. Hier in dieser Gegend, einem der schönsten Winkel im Alpenvorland, wird das bayerische Brauchtum besonders gepflegt, was man an den verschiedensten Veranstaltungen das ganze Jahr über hindurch miterleben kann. Die einzelnen Highlights erfährt man am besten im Fremdenverkehrsamt von Murnau mit seiner schönen Altstadt, die zu einem Bummel jederzeit einlädt.

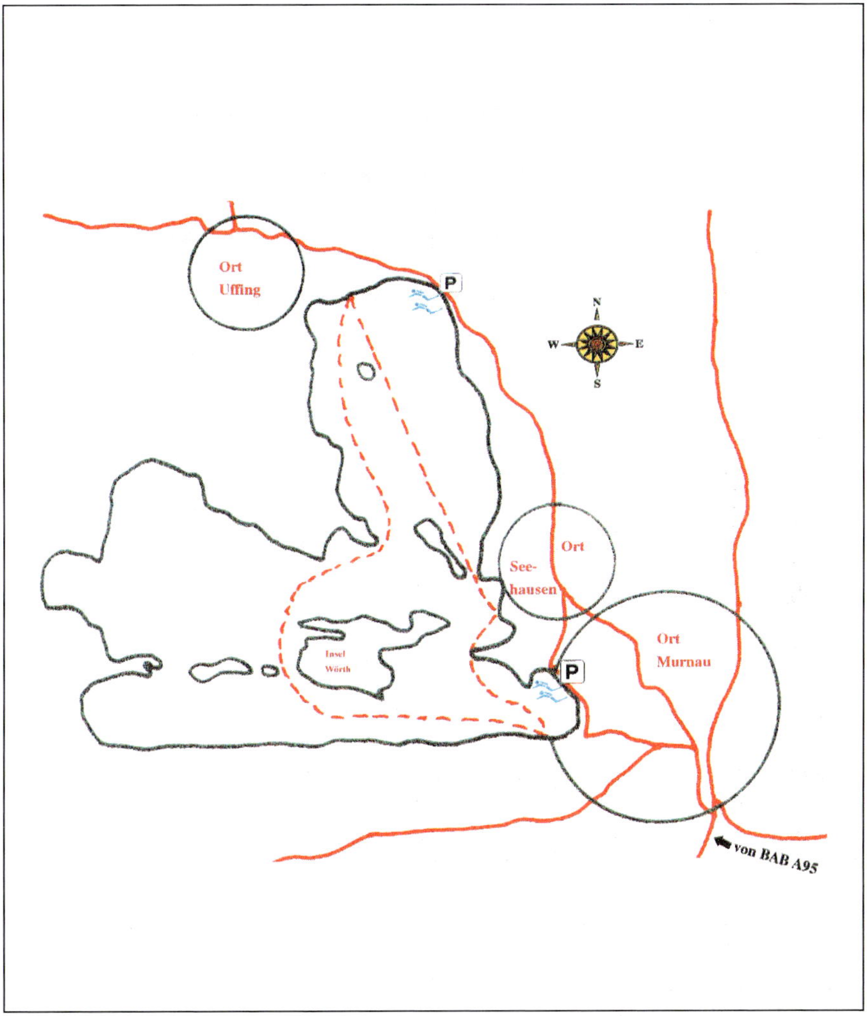

Tauchzeit und Schutzzonen

Das Tauchen am Staffelsee ist nicht durch eine Allgemeinverfügung geregelt, jedoch unter Beachtung des Naturschutzes an Stellen erlaubt, die nicht an Schilfflächen oder Schifffahrtslinien liegen. Das gesamte Westufer und die Seehauser Bucht sind Naturschutzgebiet und somit für TaucherInnen gesperrt. Um den See in seiner Schönheit zu erhalten, sollten auf keinen Fall größere Tauchgruppen an den nur wenigen Stellen einfallen. Ansonsten würde auch hier über kurz oder lang ein generelles Tauchverbot erlassen werden.

Tiere und Pflanzen

Die Fischarten beschränken sich auf Süßwasserforellen, Barsche und Renken. Auf dem Seegrund gibt es jedoch eine größere Anzahl von Muscheln zu sehen. Der Bewuchs in Ufernähe beschränkt sich auf eine Krautzone und einige Algen. Ansonsten ist der Seegrund moorig oder von sandiger Beschaffenheit.

Tauchplätze

Von Murnau aus fährt man Richtung Uffing bis zum Parkplatz bei Riedhausen, hier sind es nur noch ein paar Meter bis zum See. Langsam abfallender Seegrund mit viel Schlamm und Seegraswiesen. Da das Wasser sehr moorhaltig ist, reicht das Tageslicht nicht allzu weit und man sollte auf jeden Fall eine Lampe bei sich tragen, denn in 10 m Tiefe ist es wie bei einem Nachttauchgang. Die mittlere Sichtweite beträgt etwa 4–5 m, die jedoch nach Niederschlägen auch schlechter sein kann.
Der zweite Platz befindet sich weiter Richtung Uffing direkt an dem Parkplatz hinter Rieden. Hier fällt der Seegrund nur mäßig ab, und es geht über einen weiten und sandigen Boden bis in ca. 5 m Tiefe. Hier finden wir Pflanzenbewuchs und dazwischen viele Muscheln. Dieser Platz eignet sich, um den Umgang mit dem Kompass zu üben und zu perfektionieren.
Auch wenn der Staffelsee keine spektakulären Steilwände zu bieten hat, so ist er doch ein See, an dem auch noch nicht so geübte TaucherInnen ihre Freude haben werden.

Flaschenfüllen und Tauchshops

Dive College GmbH
Graseckstraße 34
82431 Kochel am See
Tel. 08851 / 1750

Tauchcenter Orca
Dürrberg 13a
82336 Assenhausen/Berg
Tel. 08151 / 14444

Dekokammern

Rettungsleitstelle Weilheim
Tel. 0881 / 19222

Zentrum für Hyperbare Medizin
Notruf 089 / 548231

Touristeninfo

Fremdenverkehrsamt Murnau
Tel. 08841 / 61410

Oben: Die Bucht bei Murnau.

Rechts: Nicht nur die Wiesen sind satt grün.

Freizeitangebote

Rund um den Staffelsee gibt es sehr viele Freizeitaktivitäten, angefangen von ausgiebigen Wanderungen bis zur ausgedehnten Mountainbike-Tour. Ein Besuch in der Altstadt von Murnau, die um die Jahrhundertwende von dem Münchner Architekten Emanuel von Seidl restauriert wurde, lohnt ebenfalls. Besonders sehenswert ist das neugotische Rathaus von 1842 und die auf einem Hügel liegende Pfarrkirche St. Nikolaus. Murnau ist auch eine Stadt der Künstler, die sich schon früh hier wohl gefühlt haben. Beispiele sind Gabriele Münter und Wassily Kandinsky. Heute erinnert noch das Gabriele-Münter-Haus, welches als Museum umgebaut wurde, an die berühmte Einwohnerin. Wer seiner Gesundheit etwas Gutes tun will, der geht in eines der zahlreichen Moorbäder und lässt Seele und Geist zur Ruhe kommen.

Rund um den See gibt es viele Freibäder und öffentliche Badeplätze, an denen sich die gesamte Familie im Sommer dank der sehr warmen Wassertemperaturen erfreuen kann. Wer beim Tauchen etwas mehr erleben möchte, der kann nur ein paar Kilometer weiter zum Walchensee oder Richtung München zum Starnberger See fahren, um das perfekte Taucherlebnis zu bekommen.

17. Sylvenstein-Stausee

Seehöhe 750 m ü. N.N., max. Tiefe 40 m

Anfahrt

Mit dem Auto über die A 8 München / Salzburg bis zur Ausfahrt Holzkirchen und weiter auf der B 13 über Bad Tölz und Lengries bis zur Ortschaft Fall am Sylvenstein-Stausee. Eine andere Route gibt es über den Walchensee nach Wallgau und die Mautstraße Vorderriß nach Fall.

Beschreibung

Eingebettet zwischen hohen Bergen im Isarwinkel liegt der Sylvenstein-Stausee mit seinen unverbauten Ufern im Grenzgebiet zu Österreich. Er entstand vor rund 40 Jahren, um die Isar, die wegen des Walchenseekraftwerks entwässert wurde, wieder anzuhöhen. Um zugleich in der Schneeschmelze das Land vor Hochwasser zu schützen, baute man eine 26 m hohe Staumauer mit Kraftwerksanlage und flutete die alte Ortschaft Fall.
Heute steht am Südufer eine wesentlich größere und moderne Ortschaft mit Hotel und Gaststätten für den Tourismus. Bei normalem Wasserstand umfasst der Speicher eine Größe von 6 Quadratkilometern, mit einer normalen Tiefe bis zu 40 m. Das markante Wahrzeichen ist die 400 m lange Brücke der Deutschen Alpenstraße (B 307), die den See auf sieben Pfeilern überspannt.
Im Frühjahr, wenn die Schneeschmelze aus den Bergen dem See zugeleitet wird, ist das Tauchen zwecklos, da das Wasser in dieser Jahreszeit trüb und braun ist. Einzig im Herbst nach einer Zeit mit wenig Niederschlägen steigt die Möglichkeit, gute Sichtweiten zu bekommen, um ein paar Reste von Grundmauern der alten Ortschaft Fall unter Wasser zu Gesicht zu bekommen.
Die sommerliche Wasser-Durchschnittstemperatur an der Oberfläche beträgt 18°C, kann aber auch durchaus die 22°C-Marke erreichen.
Im Westteil des Sees befinden sich im Bereich des Isar-Zuflusses die besten Badeplätze mit langen Sandbänken, ideal für Familien mit Kindern. An den übrigen Stellen ist der Zugang schon ein Problem, weil es recht steil an den See hinunter geht, was viel Kletterei bedeutet.

Tauchzeit und Schutzzonen

Das Tauchen am Sylvenstein-Stausee ist durch eine Allgemeinverfügung vom 28. 2. 1996 durch das Landratsamt Bad Tölz-Wolfratshausen geregelt, welche das Tauchen im Bereich der Staumauer (links und rechts jeweils 150 m) und in Naturschutzzonen verbietet.

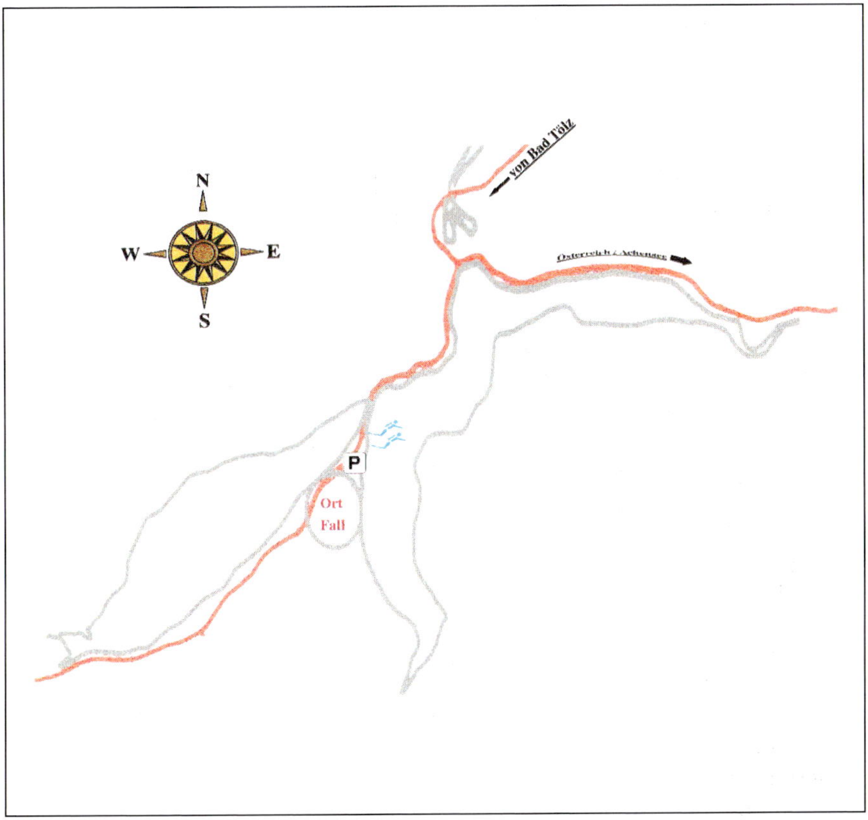

Tiere und Pflanzen

Zu sehen gibt es Seeforellen, Saiblinge und Barsche. Der Pflanzenbewuchs ist aufgrund der starken Wasserschwankungen gleich Null. Der Seegrund besteht fast ausschließlich aus Schlick und Sand.

Tauchplätze

Von Bad Tölz aus kommend, fährt man auf der B 307 einen Teil der Deutschen Alpenstraße entlang, dann nach der Brücke auf den ausgeschilderten Parkplatz. Von hier aus auf einem Waldweg direkt zum See, um das Tauchequipment zu entladen, danach stellt man das Auto oben auf dem Parkplatz ab. Hier gelingt einem mit viel Glück ein Blick auf ein paar Überreste der alten Ortschaft Fall, die in ca. 15 m Tiefe liegt. Ansonsten gibt es hier außer viel Sand nichts zu sehen. Dies ist hier der einzige interessante Tauchplatz, der aber im Herbst, wenn die Sichtweiten gut sind, seine Reize hat.

Flaschenfüllen und Tauchshops
Tauchbasis Walchensee
„TOM“ Einsiedl 1
82432 Walchensee
Tel. 08858 / 381

Dive College GmbH
Graseckstraße 34
82431 Kochel am See
Tel. 08851 / 1750
(auch Nitrox Füllstation und Technical Diving)

Dekokammern
Berufsfeuerwehr München / Feuerwache 5
Notruf 089 / 112

Rettungswache Bad Tölz
Notruf 08851 / 19222

Zentrum für Hyperbare Medizin
Notruf 089 / 548231-0

Touristeninfo
Landratsamt Bad Tölz-Wolfratshausen
Bahnhofstraße 1
Bad Tölz
Tel. 08041 / 5050

Verkehrsamt Walchensee
Ringstraße 1
82432 Walchensee
Tel. 08858 / 714

Freizeitangebote
Rund um den Sylvenstein-Stausee gibt es viele Möglichkeiten Sport auszuüben, wie zum Beispiel Mountainbiken, Wandern, Klettern und Angeln. Durch seine Grenznähe zu Österreich steht einem das gesamte Wandergebiet rund um den Achensee zur Verfügung, welcher auch für TaucherInnen eine interessante Alternative darstellt. Ausflugsziel in unmittelbarer Umgebung ist vorwiegend die Ortschaft Bad Tölz mit ihrer historischen Marktstraße. Diese ist heute eine Fußgängerzone, und man lässt sich dort an einem heißen Sommertag das Eis in einem Straßencafé besonders gut schmecken. Von hier aus

Oben: Wie ein norwegischer Fjord: der Sylvenstein-Speicher.

Rechts: Ob das Boot auch noch irgendwo liegt?

Rechts außen: Spartanische Unterwasser-Einrichtung, eigentlich nur glatter Boden.

führt eine Radtour über die Jachenau zum Walchensee und weiter über Wallgau wieder zurück nach Vorderriß zum Sylvenstein-Stausee. Auch ein Abstecher nach Mittenwald, das nur 20 km entfernt Richtung Süden liegt, ist eine Reise wert. Hier befinden sich besonders schöne und mit typischer Lüftlemalerei verzierte Häuser. Ein besonders gelungenes Beispiel für schöne Fassaden ist das Gasthaus Alpenrose am Obermarkt 1, das von dem berühmten Oberammergauer Lüftlemaler Franz Seraph Zwinck bemalt wurde. Zum krönenden Abschluss und dem ultimativen Überblick über die Bergwelt des Isarwinkels lohnt eine Fahrt mit der Karwendelbahn auf die 2244 m hohe Karwendelspitze, einem beliebten Wander- und Skigebiet mit der zweitlängsten Skiabfahrt Deutschlands.

18. Thumsee

Seehöhe 490 m ü. N.N., max. Tiefe 17 m

Anfahrt

Über die A 8 München/Salzburg von München aus kommend bis zur Ausfahrt Bad Reichenhall. Dort weiter nach Bad Reichenhall Ortsteil Karlstein und weiter Richtung Weißbach / Inzell, von dort ist es noch ca. 1 km bis zum See.

Beschreibung

Der kleine Bergsee, eingebettet zwischen hohen Bergen vor den Toren von Bad Reichenhall, ist nicht der typische klare kalte Bergsee, den man in der Nähe vom Königsee erwarten würde, sondern eher ein familienfreundlicher warmer Badesee, der im Sommer Wassertemperaturen bis zu 22°C aufzuweisen hat. An dem Privatsee befinden sich ein Strandbad und zwei Gaststätten, die einem im Sommer bei heißen Temperaturen den Aufenthalt in der Bergwelt sehr angenehm machen. Rund um den sehr überschaubaren Thumsee führt ein Wanderweg, auf dem die Einstiegsstellen, wenn kein Parkplatz in der unmittelbaren Nähe zu finden ist, gut mit dem Handwagen zu erreichen sind. Der sehr schlammige, mit wenig Steinen versetzte Seegrund fällt seicht ab und endet in einer maximalen Tiefe von 17 m in einer endlosen Schlammwüste. Die Sichtweiten schwanken je nach Jahreszeit zwischen 1 m und max. 5 m. Der Besuch lohnt jedoch, wenn man in der Dämmerung zum Tauchen geht und in die Nacht hineintaucht. Dann kommen die Seebewohner, die sich tagsüber in dem Seegras und Schilfgürteln versteckt halten, zum Vorschein und es entsteht viel Leben in dem See.

In einem der beiden Gasthäuser kann danach der Tauchgang verarbeitet und der Hunger gestillt werden, bis es zum nächsten Mal in den Thumsee zum Tauchen geht.

Tauchzeit und Schutzzonen

Das Tauchen ist das ganze Jahr über, unter Beachtung der Naturschutzzonen, erlaubt. Da es sich um einen Privatsee handelt, ist pro Tag und TaucherIn eine Tauchgenehmigung zu erwerben. Diese bekommt man bei Herrn Schmitt in der Ortschaft Thumsee bei der Hausnummer 4 oder im Strandbad Thumsee. Sie kostet pro Tag 5 DM und gilt für zwei Tauchgänge.

Tiere und Pflanzen

Zu sehen bekommt man im Thumsee Hechte, Zander, Waller und mit viel Gück auch Süßwasserkrebse. Die Pflanzen beschränken sich auf Seegraswiesen und Schleimalgen.

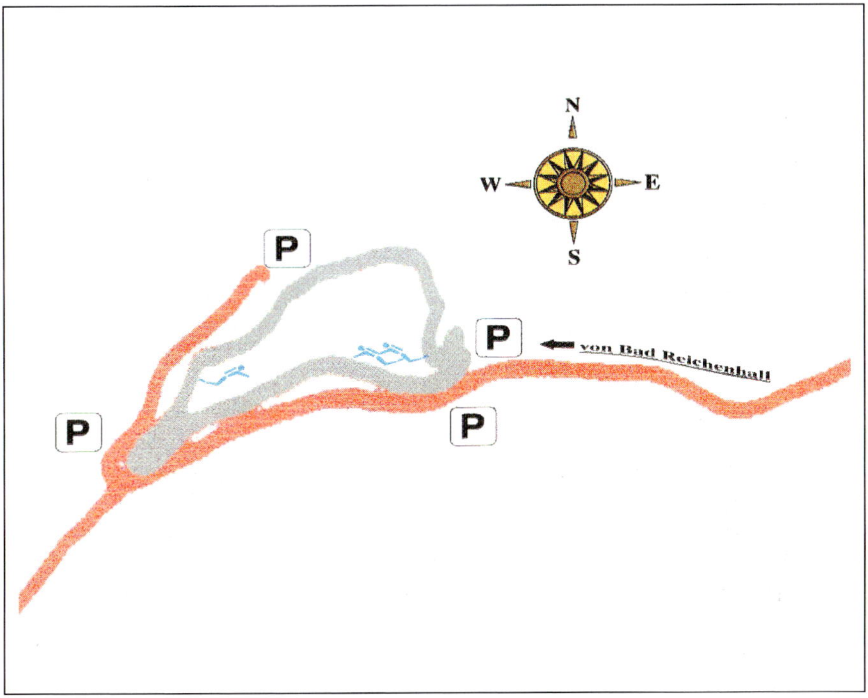

Tauchplätze
Drei Einstiegsstellen gibt es, wovon zwei im Abstand von 50 m rechts und links neben dem Seewirt liegen und die dritte an der Straße nach Bad Reichenhall bei dem Parkplatz an der Notarzt-Zufahrt. Da der See recht überschaubar ist, besteht die Möglichkeit, den Tauchgang beim Seewirt zu beginnen und durch den See bis zur Notarzt-Anfahrt zu tauchen. Zurück geht es entweder mit dem zweiten Auto, oder die Familie ist einem mit dem Handwagen am Uferweg gefolgt.
An allen Einstiegsstellen fällt der Seegrund seicht ab bis auf max. 17 m auf schlammigem Untergrund. Am Südufer sind vereinzelt ein paar Baumreste zu sehen.

Flaschenfüllen und Tauchshop
Blue Ring Octopus
Staufenstraße 30d
83435 Bad Reichenhall
Tel. 08651 / 5105
(auch Nitrox Füllstation)

Pionier Tauchservice
83308 Trostberg
Tel. 08651 / 64111

Unter so manchem versunkenem Baum findet man Jungfische wie diesen Hecht (Esox lucius).

Dekokammern
Berufsfeuerwehr / Rettungsleitstelle München
Tel. 089 / 112
Rettungsleitstelle Traunstein
Tel. 0861 / 19222

Zentrum für Hyperbare Medizin München
Notruf 089 / 548231-0

Touristeninfo
Fremdenverkehrsamt Bad Reichenhall
Tel. 08651 / 606303

Freizeitangebote
Außer Tauchen und sich im Freibad am See sonnen, welches eine preiswerte Gastronomie anzubieten hat, sollte man der ehemaligen Salzstadt Bad Reichenhall einen Besuch abstatten oder eine Wanderung in den Nationalpark Berchtesgarden unternehmen. Wem das noch nicht reicht, der kann zu einem Besuch der alten Mozart-Stadt Salzburg, einen Steinwurf über der Grenze

Oben: Nahe bei Bad Reichenhall – idyllisch eingebettet ist der Thumsee.

Rechts: Das Wasser im Thumsee ist relativ klar.

Rechts außen: An der Nordseite befinden sich eingelassene Pfähle.

nach Österreich entfernt aufbrechen, die mit Sicherheit ein tagfüllendes Programm aufzuweisen hat.
Wer noch mehr Tauchabenteuer erleben möchte, der ist gut beraten mit einem Besuch in Österreich, denn das Salzkammergut liegt gleich hinter der Grenze und kann einige Highlights für verwöhnte Taucher aufweisen.

19. Chiemsee / Tachinger See / Waginger See

Chiemsee: Höhe ü. N.N. 520 m, max. Tiefe 73 m
Tachinger See / Waginger See: Höhe ü. N.N. 540 m, max. Tiefe 27 m

Anfahrt

Der schnellste Weg zu den drei Seen ins Chiemgau führt über die A 8 München–Salzburg bis zur Ausfahrt Bernau / Felden / Feldwies oder Grabenstädt an den Chiemsee. Oder bis zur Ausfahrt Traunstein-Siegsdorf und weiter über Traunstein bis Waging am See.

Beschreibung

Die drei Seen im Herzen des Chiemgau liegen zwischen Wasserburg und der Alz in einer hügeligen Moorlandschaft des Alpenvorlandes. Richtung Osten stößt das Chiemgau an das Nachbarland Österreich. Der Chiemsee, der auch das „Bayerische Meer“ genannt wird, ist der größte See in Bayern mit einer Fläche von rund 80 Quadratkilometern. An stürmischen Tagen erinnert er wirklich an das Meer mit seinen großen Wellen und dem schier nicht endenden Blick über das Wasser. Durch die Nähe zu den Alpen und die gute Erreichbarkeit zählt das Chiemgau zu den beliebtesten Ausflugszielen von Deutschland.

Tachinger See und Waginger See sind miteinander durch einen Kanal verbunden und gelten fast schon als ein See mit einer Gesamtlänge von fast 10 km und einer Breite von bis zu 1,6 km. Alle drei Seen zählen nicht zu den typischen Tauchrevieren, die hier im Alpenvorland erwartet werden, sondern eher zu den warmen gemütlichen Badeseen für die ganze Familie. Im Sommer werden im Chiemsee an der Oberfläche Temperaturen von bis zu 25°C erreicht, und im Tachinger See und Waginger See steigt das Thermometer sogar auf bis zu 27°C an, wobei die Wasserqualität als gut bis sehr gut zu bezeichnen ist. Besonders für Kinder eignen sich die vielen Strandbäder und Badestellen, da es langsam und flach in die Seen hineingeht. Der Seegrund ist überall sandig oder leicht moorig, und daher sind die Sichtweiten beim Tauchen nicht gerade als gut zu bezeichnen. Gerade im Frühjahr nach der Schneeschmelze und nach Niederschlägen ist sie gleich Null. An den wenigen Stellen, an welchen das Tauchen erlaubt ist, kann man bestenfalls seine Ausrüstung testen oder den Umgang mit dem Kompass üben, denn wer hier wieder ans Ufer findet, der ist fit. Wer wirklich tauchen möchte, der fährt lieber in das benachbarte Salzkammergut oder sieht sich in den nicht weit entfernten oberbayerischen Seen, wie dem Tegern-, Walchen- oder Starnberger See um, damit er auf seine Kosten kommt.

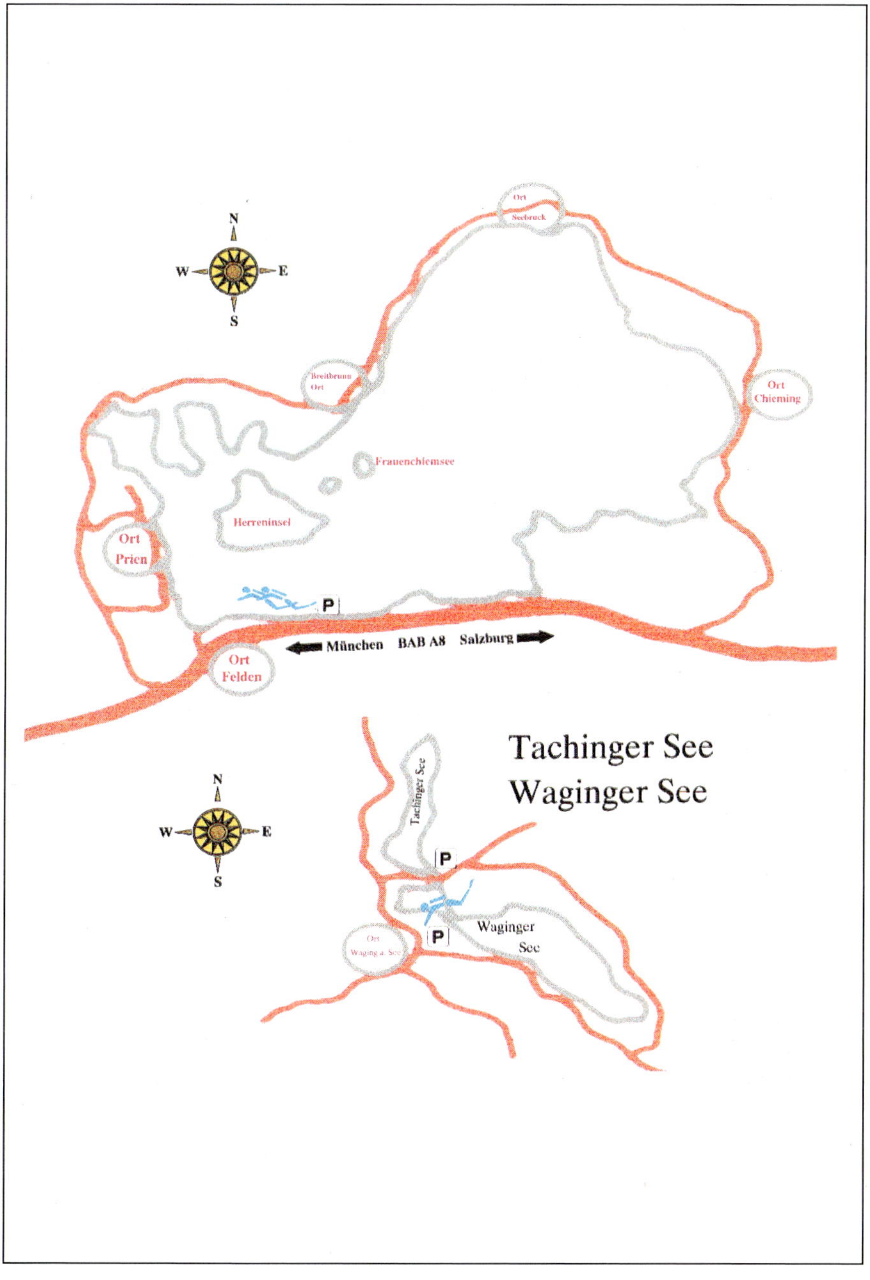
N
W
E
S
Ort
Seebruck
Breitbrunn
Ort
Ort
Chieming
Frauenchiemsee
Herreninsel
Ort
Prien
P
München BAB A8 Salzburg
Ort
Felden
Tachinger See
Waginger See
N
W
E
S
Tachinger See
P
P
Waginger
See
Ort
Waging a. See

Tauchzeit und Schutzzonen
Für alle drei Seen ist eine Allgemeinverfügung, die das Tauchen regelt, in Vorbereitung. Wer genauer Bescheid wissen möchte, der wendet sich an das Wasserwirtschaftsamt Traunstein, um die aktuellen Bestimmungen zu erfragen. Grundsätzlich ist das Tauchen überall erlaubt, wo kein Naturschutzgebiet oder die staatliche Schifffahrt verkehrt. Es bleiben aber nicht viele Stellen übrig, die für den Tauchwilligen geöffnet sind.
Es wird empfohlen, sich vor dem Tauchen in den drei Seen per Fax anzumelden, beim Landratsamt Traunstein Abt. Wasserrecht, Fax Nr. 0861 / 58340, um Unstimmigkeiten mit den Behörden zu vermeiden.

Tiere und Pflanzen
An Fischen begegnen einem Aale, Hechte, Renken, Zander und Barsche sowie jede Menge Weißfische. Die Vegetation beschränkt sich auf Unterwasserkräuter und Schleimalgen auf sandigem Untergrund.

Tauchplätze
Am Chiemsee am Autobahn-Parkplatz der A 8 Richtung München vor der Ausfahrt Übersee. Sandiger leicht abfallender Untergrund mit Seegraswiesen. Sonst gibt es nur in den Badegebieten noch die Möglichkeit das Wasser zu erreichen, da sonst rund um den See überall Naturschutzzonen vorhanden sind.
Waginger See am Strandkurhaus Waging. Die Tauchstelle muss im Bereich des Strandbades mit einer Boje gekennzeichnet werden. Leicht abfallender, schön bewachsener Sandboden mit einzelnen Fischen.
Ein weiterer Tauchplatz zwischen Tachinger und Waginger See befindet sich an der Brücke bei der Wasserwacht-Station. Nicht die Tiefe ist hier das Highlight, sondern der Fischreichtum. Jedoch sollte man sich wegen des Tretbootverkehrs mit einer Schleppboje markieren.

Flaschenfüllen und Tauchshops
Blue Ring Octopus
Staufenstraße 30d
83435 Bad Reichenhall
Tel. 08651 / 5105
(auch Nitrox Füllstation)

Pionier Tauchservice
83308 Trostberg
Tel. 08621 / 64111

Dekokammern
Berufsfeuerwehr München
Notruf 089 / 112

Zentrum für Hyperbare Medizin
Notruf 089 / 548231-0

Rettungsleitstelle Traunstein
Tel. 0861 / 19222

Oben: Das „Bayerische Meer“ bei Prien.

Rechts: Im Sommer reicht ein Halbtrocken-Anzug.

Unten links: Ein Tauchplatz am See, der Blick vom Autobahn-Rastplatz.

Touristeninfo
Verkehrsamt Waging am See
Salzburger Straße 32
Tel. 08681 / 313(4)

Kurverwaltung Prien am Chiemsee
Tel. 08051 / 69050

Freizeitangebote
Ein reichhaltiges Freizeitangebot erwartet einen im Chiemgau. Um den Chiemsee verläuft ein 65 km langer Wander- und Radweg. Um den Tachinger/Waginger See führt ein 35 km langer Rundweg. Am Waginger See liegt das größte Freibad mit einer Größe von rund 60 000 Quadratmetern. Es zählt zu den größten Badegebieten im Chiemgau. Ein besonderes Schmankerl am Waginger See für Feinschmecker, die kulinarisch auf ihre Kosten kommen möchten, ist das Restaurant von Alfons Schuhbeck, das Kurhausstüberl. Hier bekommt man alles serviert, was gut und kalorienreich ist.
Am Chiemsee ist eine Rundfahrt mit den zahlreichen Motorschiffen und Dampfern interessant, oder man mietet sich ein Tretboot und erkundet den See. Interessantes gibt es in Hülle und Fülle, wie zum Beispiel einen Besuch auf der Fraueninsel oder auf Schloss Herrenchiemsee. Sein Bauherr war König Ludwig II. In dem so genannten alten Schloss, ein Teil des ehemaligen Klosters, ist heute ein Schloßhotel mit Ausflugslokal und schönem Biergarten untergebracht. Auf der Fraueninsel wurde im 8. Jh. von Herzog Tassilo III. ein Benediktinerkloster gegründet, in dem heute ein Museum mit Kunstwerken aus der Karolingerzeit untergebracht ist. Auch ist die Insel durch die Töpferwaren bekannt, die in den zahlreichen Keramikwerkstätten entstehen. Wieder auf dem Festland angekommen, bietet sich ein Besuch in Amerang in dem EFA-Automobilmuseum an. Auf einer Ausstellungsfläche von rund 6000 Quadratmetern kann man die mehr als 100-jährige Geschichte des Automobils bewundern. Auf weiteren 500 Quadratmetern ist eine Modelleisenbahnanlage der Spur 2 mit einer großen Miniatureisenbahn-Sammlung ausgestellt. Dies ist nur eine kleine Auswahl an Freizeitaktivitäten rund um das Chiemgau. Wer mehr wissen möchte, der wendet sich an die jeweiligen Fremdenverkehrsvereine.

Blau-weißer Himmel, blaues Wasser: Bayern!

Der Bootsverleih am Tachinger See.

20. Ilsesee

Seehöhe 508 m ü. N.N., max. Tiefe 16 m

Anfahrt

Der einfachste Weg, an den Ilsesee zu gelangen, ist über Landsberg am Lech. Von dort folgt man der B 17 Richtung Augsburg bis zur Ausfahrt Königsbrunn. Dann nach Königsbrunn hineinfahren auf der Augsburgerstraße und immer geradeaus über die Haunstetterstraße, bis nach ca. 500 m ein Parkplatz auf der linken Seite erscheint. Nun ist man an dem Naherholungsgelände Ilsesee angelangt. Von München aus fährt man auf der A 8 München–Stuttgart bis zur Ausfahrt Augsburg-West und dann weiter links Richtung Landsberg auf die B 17 bis Königsbrunn.

Beschreibung

Der Ilsesee liegt am Rande des Naturschutzgebietes zwischen Königsbrunn und Augsburg und bildet mit seinen Liegewiesen und Kinderspielplätzen eine Oase der Naherholung. Am See befindet sich eine Wirtschaft mit Biergarten und reichlich Parkplätzen, die nicht weit vom See entfernt sind. Im Sommer gehört der Ilsesee zu einem der beliebtesten Badeseen rund um Augsburg. Daher ist mit sehr großem Andrang an schönen Sommertagen zu rechnen, dem man entgehen kann, indem man recht früh oder sich erst zu einem Nachttauchgang trifft. Besonders ein Nachttauchgang ist sehr lohnenswert, da ein großes Fischvorkommen vorhanden ist, angefangen von Hechten über Schleien und Barschen bis zu großen Aalen. Die sommerliche Wassertemperatur an der Oberfläche liegt im Durchschnitt bei ca. 22°C und kann manchmal sogar auch darüber liegen. Was für die Familie, die zum Baden mitgekommen ist, nur gut sein kann und die Kinder nicht mehr aus dem Wasser kommen lässt. Die Sichtweiten unter Wasser sind recht gut, so sieht man oft bis zu 8 m weit, wenn nicht schon viele andere TaucherInnen vor einem im See waren.
Um den See herum beginnt das Naturschutzgebiet Haunstetten, durch das der Lech mit seinen Nebenarmen fließt.

Tauchzeit und Schutzzonen

Das Tauchen ist das ganze Jahr über erlaubt, und Taucher sollten sich an die zwei ausgewiesenen Einstiegsstellen halten, um nicht mit den Badegästen unnötig zu kollidieren. Ein gutes Nebeneinander dürfte im Sinne von allen sein. In den Wintermonaten, wenn der See teilweise zugefroren ist, darf zum Eistauchen kein Loch in die Eisdecke geschlagen werden. Es ist nur der Einstieg an nicht zugefrorenen Stellen erlaubt und dies auch nur mit einer Sicherungsleine.

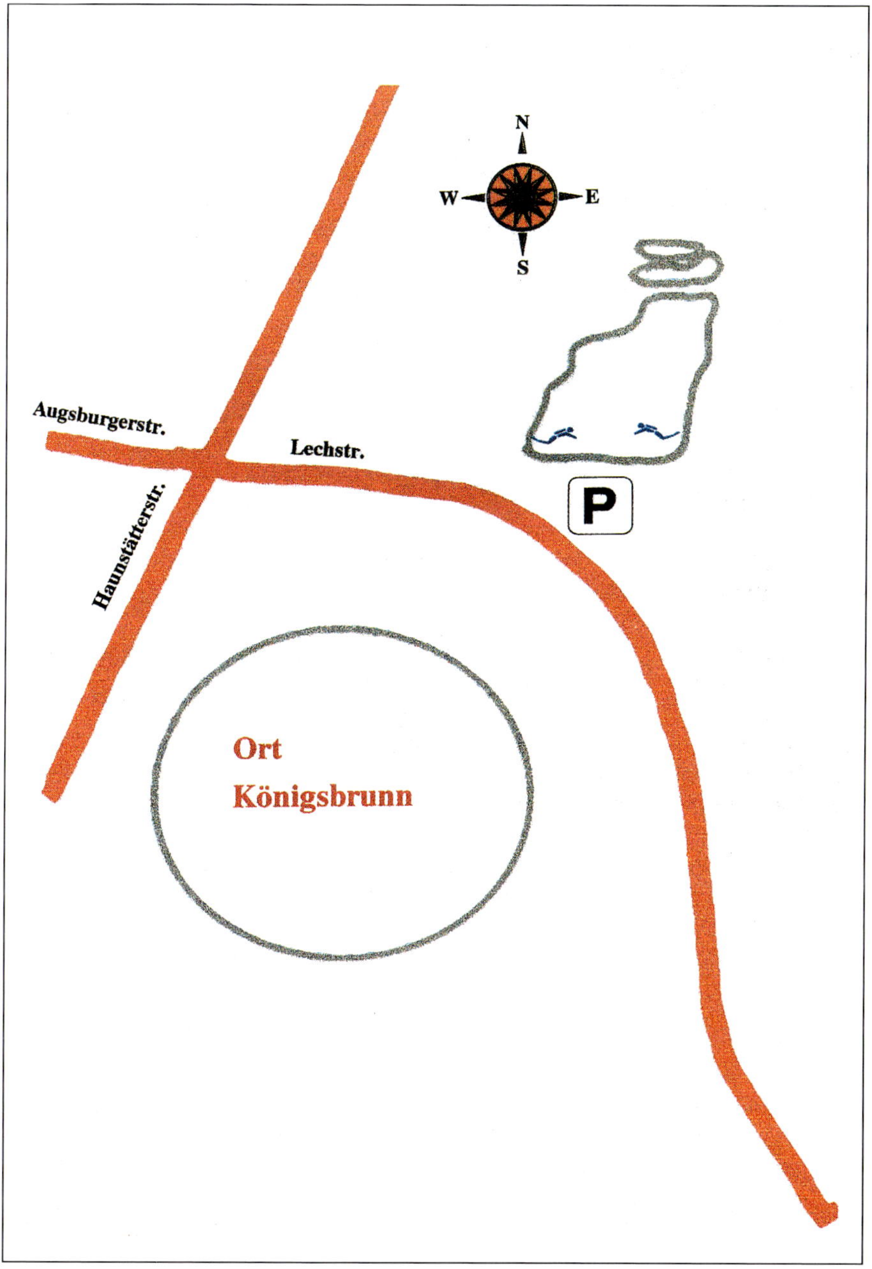
N
W
E
S
Augsburgerstr.
Lechstr.
Haunstätterstr.
P
Ort
Königsbrunn

In den Sommermonaten während der Badesaison (15. Mai bis 5. September) ist das Tauchen an Sonn- und Feiertagen in der Zeit von 11 Uhr bis 16.30 Uhr untersagt, laut Amtsblatt der Stadt Augsburg vom 11.8.1995 / Nr. 30.

Tiere und Pflanzen
Zu sehen gibt es Hechte, Schleien, Karpfen, Barsche und Aale in allen Größen. Es gibt kaum einen anderen See, wo einem so viele Fische begegnen, besonders bei einem Nachttauchgang. Der Pflanzenbewuchs ist üppig bis hin zu Armleuchteralgen, die teilweise bis zur Wasseroberfläche hinaufragen.

Tauchplätze
Vom Parkplatz aus gibt es zwei Einstiegsstellen, die eine ist links am Strand beim Biergarten und die andere am rechten Ende vom Parkplatz. Bei beiden fällt der Seegrund seicht bis auf ca. 4 m ab und geht dann etwas steiler über Seegraswiesen bis auf 14 m hinab. Der Seegrund ist nicht wie bei anderen Seen gleichmäßig tief, sondern es erheben sich immer wieder Hügel ein paar Meter hinauf, und wer nicht mit seinem Kompass umzugehen weiß, der hat hier ein Problem bei der Orientierung, weil es immer wieder gleich aussieht.

Flaschenfüllen und Tauchshops
Tauchsport Center Augsburg
Göggingerstraße 104
86199 Augsburg
Tel. 0821 / 9980804

Dekokammern
Rettungsleitstelle Augsburg
Tel. 0821 / 19222

Zentrum für Hyperbare Medizin
Notruf 089 / 548231-0

Touristeninfo
Fremdenverkehrsamt Augsburg
Tel. 0821 / 19433

Freizeitangebote
Direkt neben dem See befindet sich eine BMX-Strecke, auf der die Kinder ihr Können unter Beweis stellen können. Nicht weit entfernt ist der Lechstausee, der sich hervorragend zum Baden eignet oder um von dort eine Radtour am Lech entlang zu unternehmen. Wer nicht so sehr auf das Baden in natürlichen Gewässern steht, dem wird es in den nicht weit entfernten Königsthermen mit

Noch sind die Steine zum Teil größer, aber er wächst ja noch.

ihren großen und abenteuerlichen Wasserrutschen gut gefallen. Durch die Nähe zu Augsburg lohnt sich auch ein ausgiebiger Besuch in der alten Fuggerstadt, durch deren schöne Altstadt sich ein Bummel anbietet. Nicht zu vergessen ist auch ein lohnenswerter Besuch in der Olympia-Kajak-Strecke in Augsburg. Auf dem ADAC-Verkehrsübungsplatz bietet sich die Möglichkeit, ungefährdet gefährliche Situationen im Straßenverkehr zu üben. Dieser befindet sich direkt bei Augsburg an der A 8 bei der Ausfahrt Augsburg-Ost. Dies sind nur einige Beispiele, wie die Freizeit gestaltet werden kann. Weitere Anregungen und Ideen hat bestimmt das Fremdenverkehrsamt in Augsburg für Sie bereit.

21. Echinger Weiher

Seehöhe 580 m ü. N.N., max. Tiefe 12 m

Anfahrt

Auf der A 9 Richtung Nürnberg bis zur Ausfahrt Eching-Neufahrn, an der Ampel links bis zur Ortschaft Eching. Von hier aus rechts Richtung Günzenhausen über die Autobahnbrücke der A 92, danach gleich scharf rechts in den Feldweg bis zum See. Dort darf nur ausgeladen werden, und danach müssen die Fahrzeuge auf dem 100 m entfernten geteerten Bereich abgestellt werden.

Beschreibung

Der Echinger Weiher liegt direkt am Autobahnkreuz Neufahrn, etwa 20 km nördlich von München. Er entstand 1965 beim Bau der Autobahn A 9 und ist mit einer Größe von ca. 4 Hektar nicht unbedingt einer der größten oberbayerischen Seen, aber das gleicht er mit anderen Prädikaten wieder locker aus. Er hat die Eigenschaft, dass er auch im Winter bei Minustemperaturen nicht zufriert und daher immer zu betauchen ist. Der Pächter Martin Zaglauer aus Unterschleißheim sorgt dafür, dass dieser See, der in einem Landschaftsschutzgebiet liegt, nicht übertaucht wird. Pro Tag ist die Anzahl der TaucherInnen auf 50 beschränkt. Ein Automat, an dem man die Tauchgenehmigungen erwerben kann, steht direkt am See. Die Tageskarte pro TaucherIn kostet 15 DM und gilt für 2 Tauchgänge am Tag.
Der Seegrund besteht überwiegend aus Kies, der kontinuierlich bis auf 9 m seicht abfällt und dann in einen Armleuchteralgenteppich übergeht. Auf dem Seegrund befinden sich mehrere Quellaustritte, daher liegt die Wassertemperatur das ganze Jahr über bei 10°C, und die Sichtweiten betragen 10–20 m. Für die Anfängerausbildung wurden 5 Übungsplattformen versenkt, damit Tauchübungen ohne Schaden für den See abgehalten werden können. Wegen seiner Nähe zu München ist der Echinger Weiher an Wochenenden oft überlaufen, da ihn viele, trotz seiner Temperatur, als Badesee nutzen. Daher gilt auch hier, wenn er weiter so erhalten bleiben soll, sollte man nach Möglichkeit nicht dann zum Tauchen gehen, wenn alle gehen. Der See wird es uns danken.

Tauchzeit und Schutzzonen

Das Tauchen ist ganzjährig erlaubt, jedoch pro Tag auf 50 Taucher begrenzt. Wer die Schulungsplattformen benützen möchte, sollte sich mit dem Pächter Herr Martin Zaglauer in Verbindung setzen. Nachttauchgänge sind grundsätzlich verboten. Mit dem Auto darf man nur zum Be- und Entladen an den See und muss dann auf den nahegelegenen Parkplatz fahren.

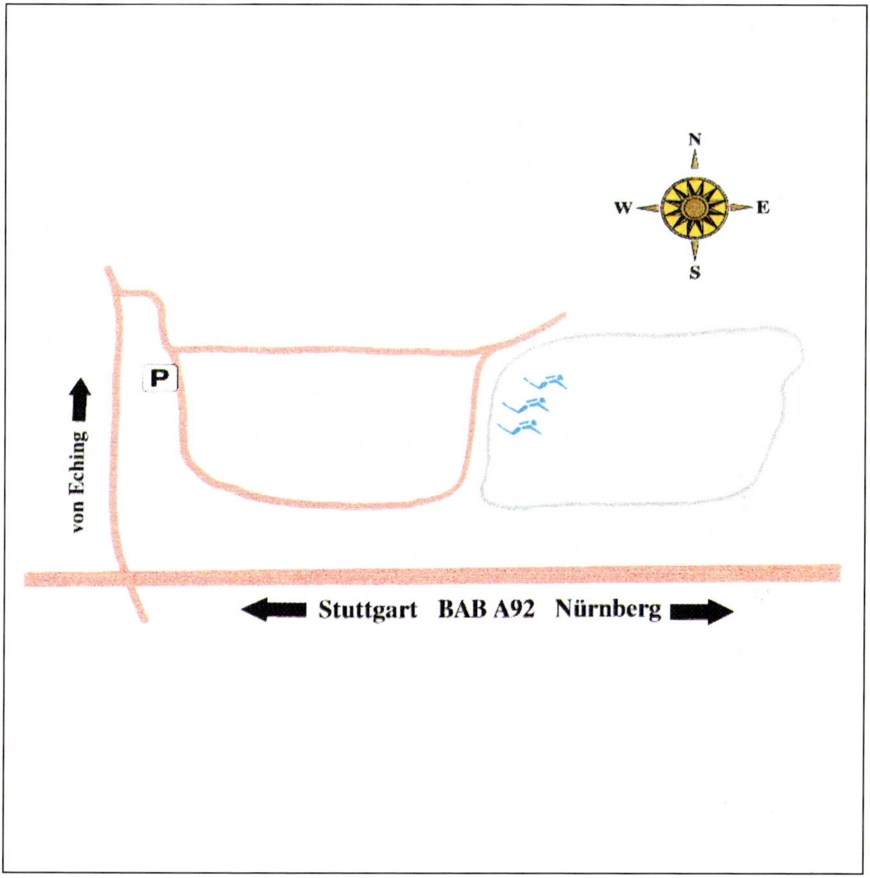

Tiere und Pflanzen

Zu sehen gibt es Bachforellen, Rotaugen, Spiegelkarpfen und Aale. Pflanzen beschränken sich auf Armleuchter-Algen und Wasserminze.

Tauchplätze

Von der Liegewiese am westlichen Teil des Sees aus ist der gesamte See bequem zu betauchen. Hier befindet sich auch der Tauchgenehmigungsautomat, wo man die Tageskarten kaufen kann. Der Sandgrund fällt seicht ab bis ca. 9 m, vorbei an den Übungsplattformen geht es entweder links oder rechts herum in etwa 45 Minuten um den ganzen See.

Flaschenfüllen und Tauchshops
Lobster Tauchsport GBR
Lochhauserstraße 21
82178 Puchheim
Tel. 089 / 89009172

Fin-Up Divers Tauchsport GmbH
Engelschalkinger Str. 196
81927 München
Tel. 089 / 93930588

Submariner Tauchausrüstung
Leopoldstr. 257
80807 München
Tel. 089 / 3597878

Dekokammern
Berufsfeuerwehr / Rettungsleitstelle München
Notruf 089 / 112

Zentrum für Hyperbare Medizin München
Notruf 089 / 548231-0

Touristeninfo
Fremdenverkehrsamt München
Tel. 089 / 2330300

Freizeitangebote
Durch seine unmittelbare Lage bei München stehen einem um den Echinger Weiher sämtliche Freizeitaktivitäten von München zur Verfügung. Das geht vom gemütlichen Kinobesuch über den Biergarten an der Isar bis zum Bungeejumping in Oberschleißheim an der Ruderregattastrecke. Unmittelbar in und um Eching gibt es die Möglichkeit, ausgiebige Radtouren zu unternehmen, die man immer wieder an kleineren Baggerseen zum Baden unterbrechen kann.

Oben: Flach und klar, aber kalt ist der Echinger Weiher.

Rechts: Hier löst man seine Taucherlaubnis.

Rechts unten: „Dive-Shop“ einmal anders.

22. Langwieder See

Seehöhe 523 m ü. N.N., max. Tiefe 9 m

Anfahrt

Von der Landeshauptstadt München aus folgt man der A 8 München–Stuttgart bis zur Ausfahrt Langwied und biegt dann rechts ab bis zum Parkplatz der Autobahnraststätte Langwieder See. Von hier aus sind es wenige Meter über die Liegewiese bis zum See.

Beschreibung

Der Langwieder See gehört mit einer Größe von 17 ha zu einem der größten Seen im Münchner Stadtgebiet. Er entstand als Kiesgrube beim Bau der Autobahn München–Stuttgart und liegt zwischen Wiesen und Feldern direkt an der Autobahn bei der Ortschaft Langwied. Heute gehört er zu den am häufigsten frequentierten Badeseen in München. Die Wasserqualität kann man als gut bezeichnen. Unter Wasser hat man je nach Niederschlagsmenge und Jahreszeit relativ gute Sichtweiten. Der kiesige Untergrund fällt nach wenigen Metern steil bis auf ca. 6 m Tiefe ab und geht dort über in einen Wald von Wasserpflanzen, die teilweise bis an die Wasseroberfläche reichen. Ansonsten finden wir hier schlammigen Untergrund ohne Bewuchs. Die Wassertemperatur an der Oberfläche im Sommer liegt bei ca. 21°C, in heißen Sommermonaten können aber auch bis zu 25°C erreicht werden. Bei schönem Wetter an Wochenenden ist der See überbevölkert. Durch seine gute Erreichbarkeit mit dem Auto gehört er zu einem der beliebtesten Badeseen von München.

Tauchzeit und Schutzzonen

Das Tauchen ist das ganze Jahr über am Nordufer beim Parkplatz und am Südufer östlich der Wasserwachtstation erlaubt. Es sollten jedoch die örtlichen Hinweisschilder beachtet werden, da zu gewissen Zeiten einige Gebiete wegen des Laichschutzes gesperrt sind. Das Tauchen in der Nacht ist grundsätzlich verboten.

Tiere und Pflanzen

An Pflanzen gibt es viele submerse Kräuter und Armleuchteralgen. An Fischarten begegnet man Hechten, Karpfen und Aalen. Vor allem Kleinlebewesen wie Steinfliegenlarven stellen für Makrofotografen ein geduldiges Motiv dar.

Tauchplätze

Das Südufer östlich der Wasserwachtstation und am Nordufer bei der Liegewiese am Parkplatz der Autobahnraststätte Langwieder See. Seicht abfallend bis auf ca. 3 m und dann steiler bis 8 m, übergehend in einen dichten Bewuchs mit Armleuchteralgen.

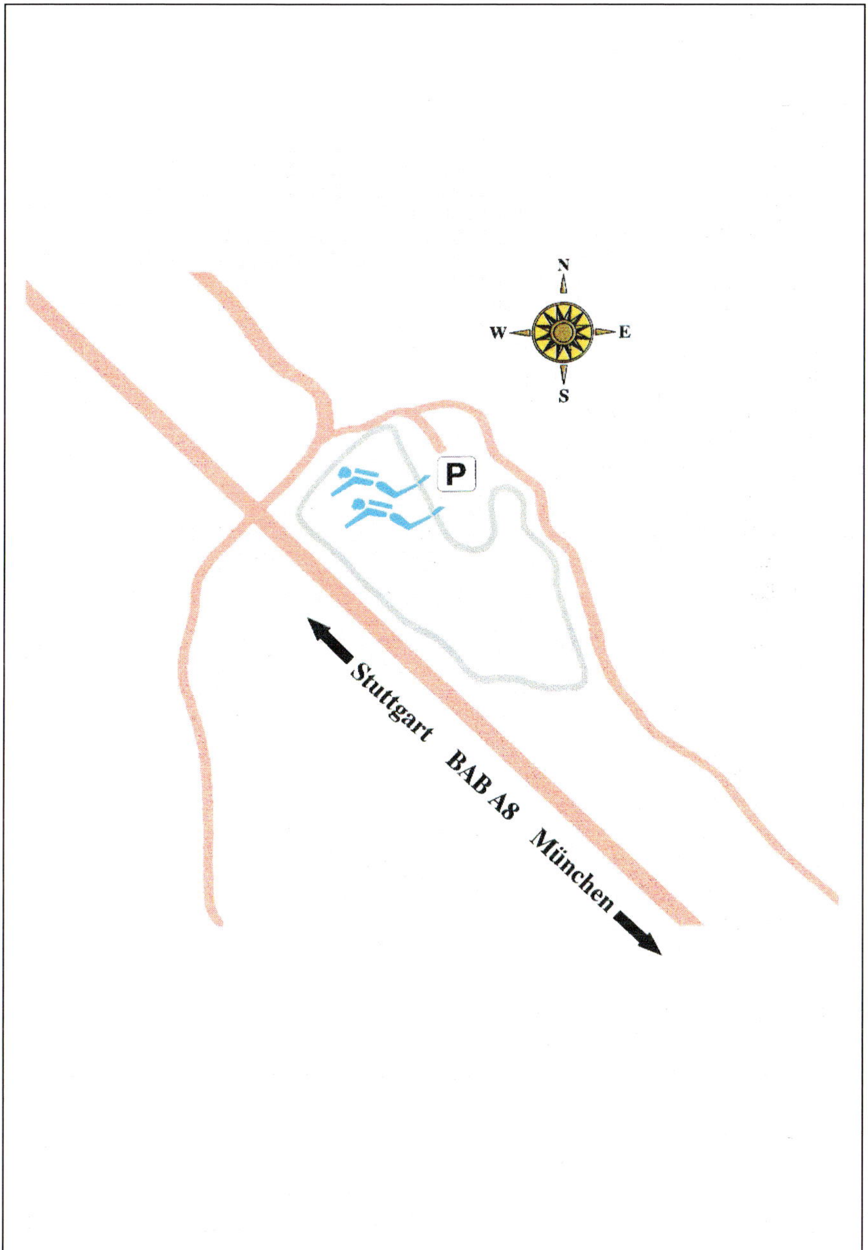
N
W
E
S
P
Stuttgart
BAB A8
München

Flaschenfüllen und Tauchshops
Tauchsport Seeteufel
Münchnerstraße 27
82256 Fürstenfeldbruck
Tel. 08141 / 42028

Tauchsport Bayer
Gröbenzellerstraße 29
85221 Dachau
Tel. 08131 / 71799

Lobster Tauchsport GBR
Lochhauserstraße 21
82178 Puchheim
Tel. 089 / 89009172

Dekokammern
Berufsfeuerwehr / Rettungsleitstelle München
Notruf 112

Zentrum für Hyperbare Medizin
Notruf 089 / 548231-0

Touristeninfo
Fremdenverkehrsamt München
Tel. 089 / 2330300

Freizeitangebote
Durch die Stadtrandlage des Langwieder Sees stehen einem die gesamten Freizeitaktivitäten und kulturellen Angebote der Stadt München zur Verfügung. Wer nicht nur baden und tauchen möchte, der kann sich am See direkt auf sein Fahrrad setzen und eine Radtour durch das Dachauer Moos unternehmen oder mit einem Besuch auf einer der zahlreichen Reitanlagen in der Umgebung verbinden. Nicht weit von Langwied befindet sich die Ortschaft Eschenried, hier liegt einer der größten und bekanntesten Golfplätze rund um München, auf dem auch internationale Turniere ausgetragen werden. Nicht weit vom See, in ca. 200 m Entfernung wird derzeit eine weitere Kiesgrube renaturiert, die in ein paar Jahren vielleicht ein reizvoller Tauchsee wird.

Bild rechts: Nur wenige Kilometer bis zum Zentrum von München: der Langwieder See.
Insert: Unbestrittener Star aller Süßwasserseen Deutschlands ist der Hecht.

23. Pullinger Weiher

Seehöhe 480 m ü. N.N., max. Tiefe 18 m

Anfahrt

Von München aus kommend auf der A 9 München–Nürnberg bis zum Autobahnkreuz Neufahrn und dort auf die A 92 Richtung Deggendorf abzweigen. Der Autobahn folgen bis zur Ausfahrt Freising-Süd und weiter auf der B 11 Richtung Freising. Bei der Ortschaft Achering, gleich nach der Ortseinfahrt nach ca. 100 m ist auf der linken Seite ein kleines Schild mit der Aufschrift „6½“, dort zweigt man links ab und folgt der Straße bis zum Ortsende und weiter Richtung Pulling, nach ca. 2 km ist der See erreicht. Entweder auf dem ersten Parkplatz oder 100 m weiter auf dem zweiten bei Eva's Imbissstand und Flaschenfüllstation findet man genügend Parkmöglichkeiten.

Beschreibung

Mitten zwischen Feldern und Wiesen liegt der Pullinger Weiher, ein Baggersee, der zu einer noch in Betrieb befindlichen Kiesgrube gehört. Einige Büsche am Westufer sind die einzige Vegetation, die man hier findet, ansonsten besteht der Strand aus Kies und Sand. Parkplätze sind reichlich um das Seegelände vorhanden, und am Nordufer befindet sich auch ein Kiosk (Eva's Flaschenfüllstation), an dem es auch die Tages-Tauchgenehmigungen zu kaufen gibt.

Das steinige Ufer fällt seicht bis auf 8 m ab und geht dann in einen riesigen Armleuchteralgenteppich über, der den gesamten Seegrund bedeckt. An heißen Sommerwochenenden wird die Sichtweite ab dem späten Vormittag stark beeinträchtigt, da der Pullinger Weiher ein sehr beliebter See für die Münchner und Ingolstädter Tauchschulen ist, die hier die Grundausbildung abhalten. Wer also die sonst recht guten Sichtweiten genießen möchte, der sollte möglichst früh oder unter der Woche zum Tauchen gehen. Die Wassertemperatur im Sommer liegt im Durchschnitt bei ca. 22°C und ist daher auch ohne einen Trockentauchanzug zu genießen. Doch wer in der Dämmerung zu einem Nachttauchgang startet, der erlebt das volle Leben in diesem See. Denn in der Nacht kommen viele Seebewohner aus ihrem Versteck und zeigen sich im Scheinwerferlicht der Tauchlampen.

Ansonsten ist der Pullinger Weiher wegen seiner im Sommer angenehmen Wassertemperaturen ein idealer Familiensee, wo die Kinder ausgiebig zum Baden kommen und am Abend die ganze Familie sich am Lagerfeuer versammeln kann, bevor das Wochenende vorbei ist.

Tauchzeit und Schutzzonen

Der Pullinger Weiher ist das ganze Jahr über zu betauchen. Pro Tag und Taucher sind an dem Kiosk am Nordufer des Sees 20 DM Tauchgebühr zu bezahlen.

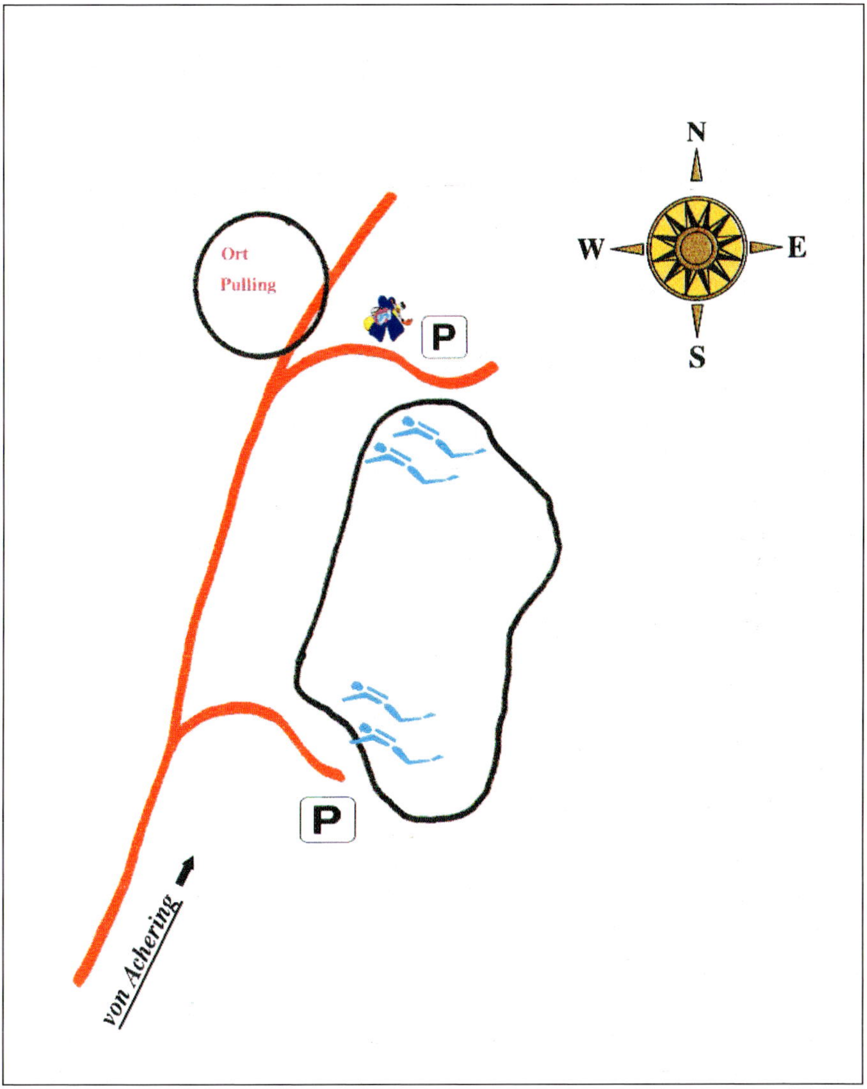

Um den See auch weiterhin zu erhalten, sollte man verantwortungsbewusst seinen Zivilisationsmüll nach dem Tauchen auch wieder mit nach Hause nehmen und dort richtig entsorgen, sonst könnte auch dieser See einmal der Vergangenheit für TaucherInnen angehören.

Tiere und Pflanzen
Es gibt im See Hechte, Barsche, Süßwasserforellen, Karpfen und Aale. Bei der Flora beschränkt es sich auf große Felder mit Armleuchteralgen.

Tauchplätze
Die bekanntesten Einstiegsstellen befinden sich am Südufer links neben dem Wasserwachtturm und an dem Nordufer bei dem Kiosk. In beiden Fällen fällt der Kiesgrund seicht bis ca. 8 m hinab und geht in einer leichten Hügellandschaft durch den gesamten See, der an einer Stelle seine Maximaltiefe von 18 m erreicht. Um wieder an der gleichen Stelle nach dem Tauchgang herauszukommen, sollte der Umgang mit dem Kompass geläufig sein, denn bei den teilweise schlechten Sichtverhältnissen sieht einfach alles gleich aus.

Flaschenfüllen und Tauchshops
Direkt am See:
Bei Eva's Flaschenfüllstation und Imbiss
Mo Ruhetag und Di–Fr ab 17 Uhr, Sa–So ab 11 Uhr
(Auch Ersatz und Verleih von Ausrüstung)

Fin-Up Divers Tauchsport GmbH
Engelschalkinger Str. 196
81927 München
Tel. 089 / 93930588

Submariner Tauchausrüstung
Leopoldstr. 257
80807 München
Tel. 089 / 3597878

Martins Diving Center
85716 Unterschleißheim
Tel. 089 / 3174555

Dekokammern
Berufsfeuerwehr / Rettungsleitstelle München
Notruf 089 / 112

Zentrum für Hyperbare Medizin München
Notruf 089 / 548231-0

Touristeninfo
Fremdenverkehrsamt München
Tel. 089 / 2330300

Freizeitangebote
Auch der Pullinger Weiher ist ein idealer Badesee für die ganze Familie, durch seine Nähe zu München ein idealer Ausgangspunkt für weit reichende Frei-

Oben: Im Sommer säumen TaucherInnen den Uferbereich.

Rechts: In der hügeligen Unterwasserwelt fühlen sich Fische wohl...

Insert: ...wie dieser junge Aal (Anguilla anguilla).

zeitaktivitäten in und um München. Auch hier gibt es die Möglichkeit, direkt mit den Fahrrädern die nähere Umgebung zu erkunden und in Freising in einen gemütlichen Biergarten einzukehren. Ein weiterer interessanter Besuch ist das 1803 erbaute Benediktinerkloster Weihenstephan, wo heute die Landwirtschaftliche Fakultät der TU München beheimatet ist. Hier ist auch eine der ältesten Brauereien der Welt zu finden, mit einem gemütlichen Biergarten, wo man sich einfindet, um die Weihenstephaner Spezialitäten zu genießen.

24. Förmitzspeicher

Höhe ü. N.N. 529 m, max. Tiefe 26 m

Anfahrt

Zur Förmitztalsperre gelangt man über die A 9 München–Berlin ab der Ausfahrt Münchberg und weiter auf der B 289 Richtung Schwarzenbach a. d. Saale bis zur Ortschaft Weißdorf. Von hier folgt man der Ausschilderung Förmitzspeicher über die Ortschaft Benk und Förmitz bis zum Speichersee.

Beschreibung

Am Rande des Fichtelgebirges, nahe der nordbayerischen Stadt Hof, liegt bei Schwarzenbach a. d. Saale der Förmitzspeicher. Der in der Zeit zwischen 1975 bis 1978 erbaute Speichersee dient zur Stromerzeugung und gehört mit einer Fläche von 120 ha zu einem größeren Gewässer in dieser Umgebung von Hof. Rund um den See findet man vom Segelhafen bis zum Badestrand alles, was den Erholungssuchenden am Wochenende erfreut. Der See ist in zwei Bereiche unterteilt, der eine Teil, der so genannte Vorsee, hat eher einen Schutzzonencharakter und ist für Wassersportler generell gesperrt. In dem Hauptspeicher tummeln sich hingegen alle Wassersuchenden, von den Seglern und Surfern bis hin zu Badegästen und TaucherInnen. Nicht zu vergessen sind auch die zahlreichen Angler, die dieses Gewässer zu schätzen wissen.

Um ein harmonisches Nebeneinander zwischen den verschiedenen Gruppen zu regeln, erarbeitet die Stadt Hof mit dem Kraftwerksbetreiber gerade eine umfassende Allgemeinverfügung für den Förmitzspeicher. Diese erscheint voraussichtlich Mitte 2000 und soll dann in Kraft treten. Bis zu diesem Zeitpunkt müssen TaucherInnen Einzeltauchgenehmigungen bei der Stadt Hof beantragen und sich bei dem Betriebsgebäude des Förmitzspeichers anmelden.

Der See selbst wartet jedoch nicht mit besonderen Höhepunkten, die das Tauchen betreffen, auf, sondern ist eher etwas für Leute, die den Umgang mit dem Kompass und das Gefühl, bei schlechter Sichtweite zu tauchen, erlernen möchten. Denn die Sichtweiten liegen nach längeren Niederschlägen, teilweise auch durch den schlammigen Untergrund bedingt, bei 0–4 Metern. Zu sehen gibt es im See eigentlich nicht viel, bis auf ein paar vereinzelte Muscheln und viel Schlamm, der teilweise mit Schleimalgen überzogen ist. Die durchschnittliche Wassertemperatur an der Oberfläche im Sommer liegt bei ca. 21°C.

Tauchzeit und Schutzzonen

Bis zum Erlass der Allgemeinverfügung darf hier nur mit einer Einzeltauchgenehmigung getaucht werden, die bei dem Wasserwirtschaftsamt Hof erteilt wird. Man erhält sie unter der Telefonnummer 09281 / 8910. Man sollte sich

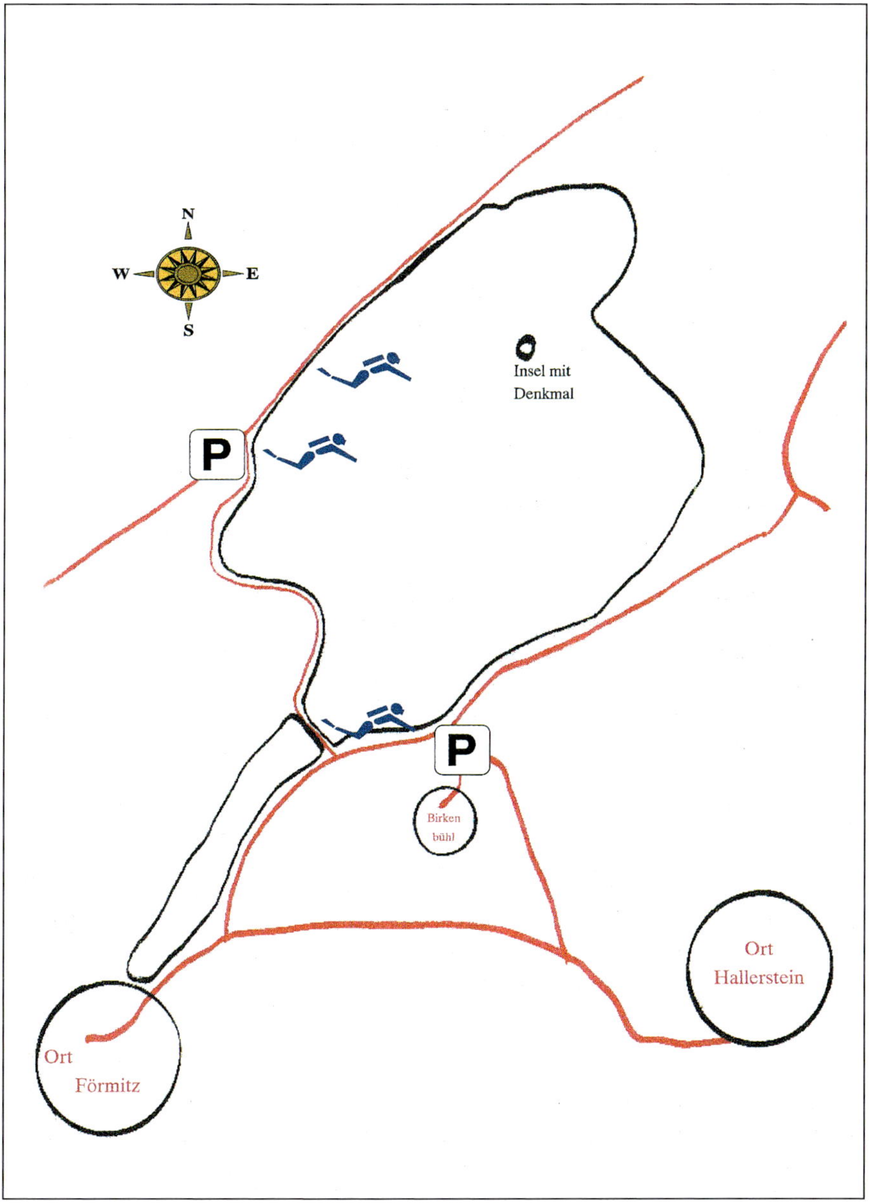
N
W
E
S
Insel mit
Denkmal
P
P
Birken
bühl
Ort
Hallerstein
Ort
Förmitz

vor dem Tauchgang auch unbedingt bei dem Betriebsgebäude des Kraftwerks anmelden. Die Tauchstellen sind in jedem Fall mit einer Tauchboje zu markieren, damit das Aufsichtspersonal und andere Seebenützer den Standort der TaucherInnen erkennen können.
In der Zeit zwischen dem 1. November und dem 31. März ist das Tauchen generell untersagt. Ebenfalls gilt in dem Vorsee-Bereich ein generelles Tauchverbot. Der Bereich des Grundablasseinlaufes, der auf dem See durch eine gelbe Boje gekennzeichnet ist, ist ebenfalls zu meiden, da ein Sog entstehen kann, aus dem TaucherInnen sich nicht mehr aus eigener Kraft befreien können.

Die Anschrift der Aufsichtsstelle lautet:
Gewässeraufsichtsstelle Förmitzspeicher
des Wasserwirtschaftsamtes Hof
Am Förmitzspeicher
95126 Schwarzenbach an der Saale

Telefonische Anmeldung für Tauchgänge:
Wasserwirtschaftsamt Hof
Tel. 09281 / 8910

Tiere und Pflanzen
Der Fischbestand beschränkt sich auf Barsche und Weißfische. Erwähnenswert sind die hier vorkommenden Süßwassermuscheln. Pflanzen gibt es so gut wie keine auf dem Seeboden, denn der besteht fast ausschließlich aus Schlamm und kargem, nahezu bewuchsfreiem Steinboden.

Tauchplätze
Es gibt derzeit drei markierte Einstiegsstellen an dem See. Zwei an dem Hauptdamm zwischen dem Wanderparkplatz „Einzel Kießling“ und dem Betriebsgebäude des Kraftwerksbetreibers am Westufer. Eine weitere Einstiegsstelle befindet sich bei dem Parkplatz für Segler und Surfer bei Birkerbühl am Ostufer. Alle drei Einstiegsstellen sind durch Schilder markiert. In allen Fällen fällt das Ufer seicht über schlammigem Grund ab ohne jegliche Steilwand. Lediglich an der nördlichen Einstiegsstelle am Hauptdamm sollte man auf die gelbe Boje achten und genügend Abstand zum Grundablasseinlauf halten.

Flaschenfüllen und Tauchshops
Hofer Boots- u.Tauchcenter
Luidpoldstraße 5
95028 Hof
Tel. 09281 / 84461,
Mo–Fr ab 15 Uhr

Tauchsportgeschäft Jürgen Vogler
Friedrichstraße 3
95028 Hof
Tel. 09281 / 3770 oder 45804,
Mo–Fr ab 15 Uhr

Besser wird die Sicht im Förmitzspeicher nicht!

Malermuschel (Unio pictorum).

Touristeninfo
Fremdenverkehrsamt Hof
Tel. 09281 / 8150
Fremdenverkehrsamt Fichtelgebirge
Tel. 09272 / 6255

Dekokammern
Rettungsleitstelle Hof
Tel. 09281 / 19222

Freizeitangebote
Durch seine Lage direkt am Naturpark Fichtelgebirge ergeben sich für die ganze Familie unzählige Freizeitaktivitäten rund um den Förmitzspeicher. Denn nicht nur zum Tauchen, Baden und Surfen kommt man an den See, sondern hier, an der Wasserscheide Europas, an der vier Flüsse entspringen und in vier verschiedene Himmelsrichtungen davonfließen, ist die Natur noch in Ordnung. Auch die Orte haben sich noch eine gewisse Ursprünglichkeit erhalten. Ob im Sommer oder Winter, hier gibt es für jede Sportart den richtigen Rahmen, angefangen bei großen Wanderungen durch den Naturpark oder ein Besuch der Sommerrodelbahn bei Bischofsgrün, hier kommt jeder auf seine Kosten. Auch bei ausgedehnten Radtouren lernt man die Landschaft ausgiebig kennen und lieben. Wem das alles zu viel Sportlichkeit ist, der erholt sich nach einem anstrengenden Wandertag in den zahlreichen Wirtshäusern bei einem Ausflug in die fränkische Küche. Allerdings könnte dieser Ausflug auf die Passgenauigkeit des Tauchanzuges einen negativen Einfluss haben, denn kulinarisch wird man hier vewöhnt. Durch die gute Verkehrsanbindung des Fichtelgebirges ist die Gegend in maximal 3–4 Stunden von Südbayern bequem über die Autobahnen A 9 und A 93 zu erreichen, und auch ein Ausflug in das benachbarte Tschechien bietet sich von hier aus an. Dies sind nur wenige Beispiele von Freizeitaktivitäten rund um das Fichtelgebirge, weitere Auskünfte erteilen auch die Fremdenverkehrsämter.

25. Untreusee

Höhe 500 m ü. N.N., max. Tiefe 15 m

Anfahrt

Von der A 9 München–Berlin bis zur Ausfahrt Hof-West und weiter auf der B 15 bis Hof. Hier orientiert man sich nach der Wegweisung Landratsamt / Untreusee zur Wilhelm-Löhe-Straße und Stelzenhofstraße, wo sich der Parkplatz am Segelhafen befindet. Von hier sind es noch wenige Meter zum See, die man aber am besten mit einem Handwagen zurücklegt, um das Tauchequipment zu transportieren.

Beschreibung

Die Stadt Hof findet man am nördlichen Rand von Bayern. Der Untreusee ist benannt nach dem Untreubach, den er speist, und liegt direkt am Rande der Stadt Hof. Er bildet mit seiner Infrastruktur ein Naherholungsgebiet mit Liegewiesen, einem Segelhafen und viel Grünflächen rund um den See. Entstanden ist der See und das Naherholungsgebiet in der Zeit zwischen 1976–1981. In der Zwischenzeit hat sich die gesamte Anlage zu einem festen Bestandteil des Freizeitangebotes in Hof etabliert und ist nicht mehr wegzudenken. Der See eignet sich hervorragend, um seine neu erworbene Ausrüstung auszuprobieren oder den Umgang mit dem Kompass zu erlernen. Ansonsten sind hier keine Highlights zu erwarten, denn der Bewuchs unter Wasser beschränkt sich auf Schleimalgen auf schlammigem Untergrund, und es gibt auch keine spektakulären Steilwände zu betauchen. Je nach Wetterlage und Jahreszeit schwanken die Sichtweiten unter Wasser zwischen 0 bis 4 Metern, die durchschnittliche Wassertemperatur im Sommer liegt bei 22°C, die bedingt durch die geringe Tiefe von maximal 15 Metern auch deutlich darüber liegen kann. Der See eignet sich nicht nur zum Tauchen, sondern hier wird auch gesegelt, und vor allem die ansässigen Fischereivereine wissen den See zu schätzen.

Tauchzeit und Schutzzonen

Das Tauchen im Untreusee ist durch eine Allgemeinverfügung vom März 1993 der Stadt Hof geregelt, die umfangreiche Auflagen für TaucherInnen formuliert. Unter anderem ist das Tauchen im Bereich südlich der Fußgängerbrücke (Vorsee) und Laichstätten und sonstigen bezeichneten Fischereischutzgebieten verboten. Ebenso in allen Flachwasserzonen, wo die Wassertiefe geringer als 4 m ist sowie im Bereich der Badestrände, der nach der Satzung über die Benutzung der Intensivzone am Untreusee in Hof vom 9.8.1982 festgesetzten Intensivzone, mit Ausnahme zum Einstieg in den See. Ferner ist der Bereich des Grundablaßeinlaufes zu meiden, er ist durch Bojen und eine Schwimmkette deutlich gekennzeichnet. Bereiche von Schilf und Röhrichtzonen sind ebenfalls zu meiden.

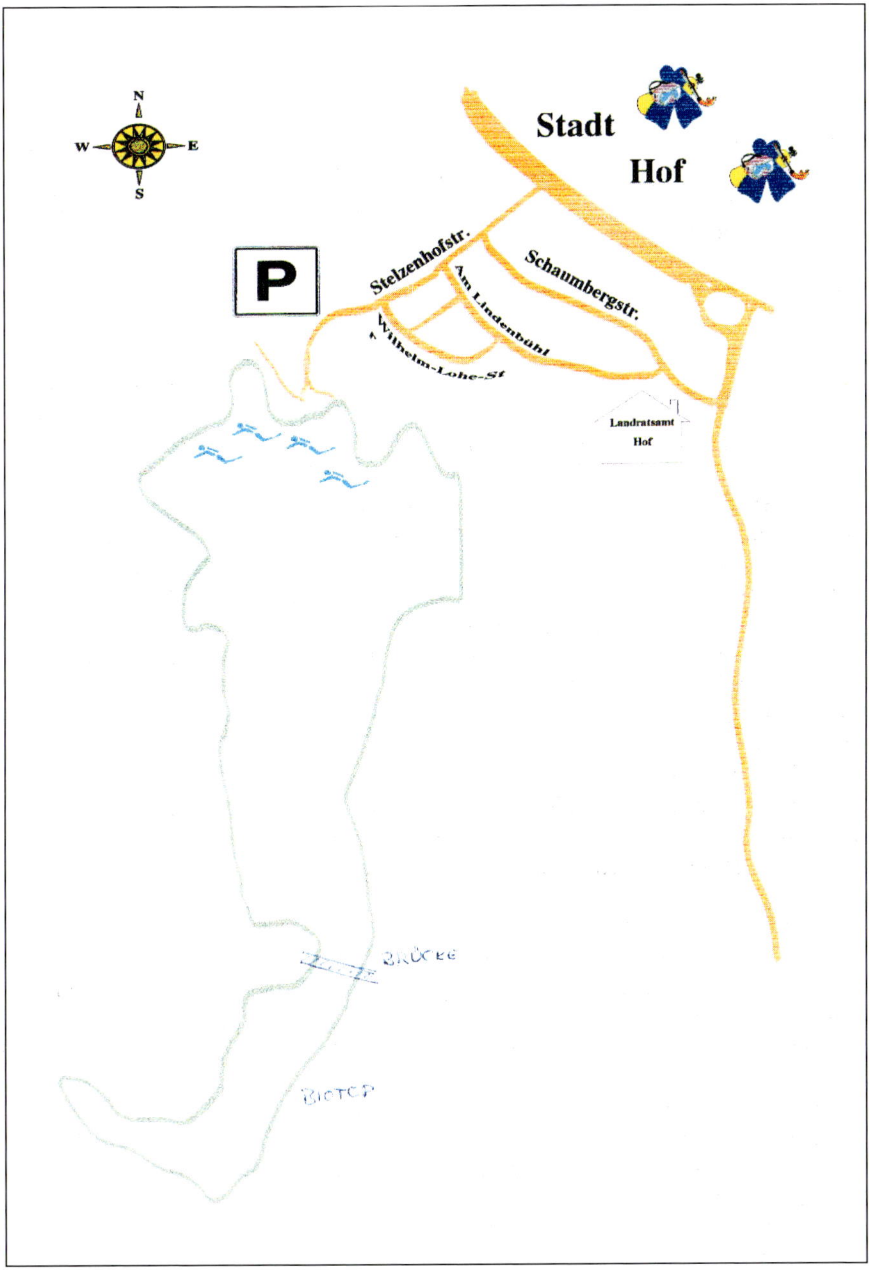
N
W
E
S
Stadt
Hof
P
Stelzenhofstr.
Schaumbergstr.
Am Lindenbühl
Wilhelm-Lohe-St
Landratsamt
Hof
BRÜCKE
BIOTOP

Wer die gesamte Allgemeinverfügung anfordern möchte, setzt sich am besten mit dem Umwelt- und Ordnungsamt der Stadt Hof unter der Telefonnummer 09281 / 815 – 428 / 422 in Verbindung. Vor jedem Tauchgang sollte man sich vor Ort über den aktuellen Stand, was das Tauchen anbelangt, erkundigen, um unnötigen Ärger mit den Behörden zu vermeiden.

Tiere und Pflanzen
An Fischen gibt es Weißfische, Barsche, Hechte, Karpfen. Hin und wieder ist ein Süßwasserkrebs zu sehen. Der Pflanzenbewuchs beschränkt sich auf Schleimalgen. Ansonsten gibt es nur schlammigen Untergrund.

Tauchplätze
Der einzige Taucheinstieg in den See ist vom Parkplatz bei dem Segelhafen. Denn der Einstieg sollte nur in Bereichen erfolgen, wo das Ufer befestigt ist, z.B. beim Surfufer oder bei der Slipanlage und Ruderanlegestelle.

Flaschenfüllen und Tauchshops
Hofer Boots- u. Tauchcenter
Luidpoldstraße 5
95028 Hof
Tel. 09281 / 84461, Mo–Fr ab 15 Uhr

Tauchsportgeschäft Jürgen Vogler
Friedrichstraße 3
95028 Hof
Tel. 09281 / 3770 oder 45804, Mo–Fr ab 15 Uhr

Dekokammern
Rettungsleitstelle Hof
Tel. 09281 / 19222

Touristeninfo
Fremdenverkehrsamt Hof
Tel. 09281 / 8150

Freizeitangebote
Das gesamte Erholungsgebiet um den Untreusee ist einen Besuch wert, denn rund um den See gibt es einen Rundwanderweg in zwei verschiedenen Varianten. Die eine Strecke ist 4,4 km lang und führt im Südwesten über eine Brücke, mitten durch ein Feuchtgebiet. Der längere Weg, der zirka 6 km lang ist, führt um dieses Gebiet herum, in dem sich in der Zwischenzeit viele seltene Pflanzen und Vögel eingenistet haben. Für Familien mit Kindern eignen sich

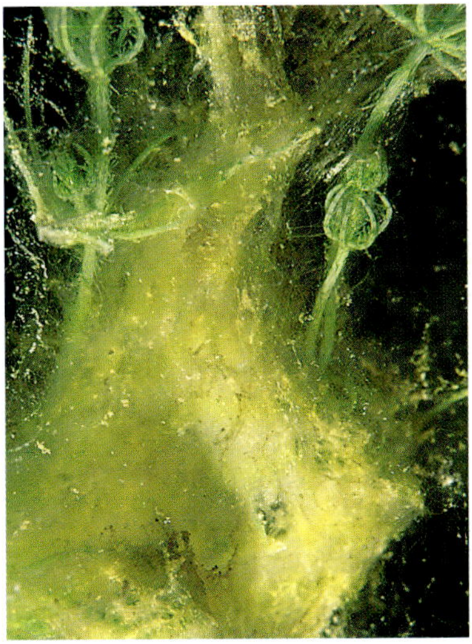

Die raue Armleuchteralge (Chara aspera) wächst im Untreusee sehr stark.

Voller Angst stellt dieser Barsch (Perca fluviatilis) seine stachelige Rückenflosse auf.

besonders die ufernahen Bereiche an den Liegewiesen, denn hier im flachen Wasser können die Kinder unbesorgt spielen und sich austoben. Direkt oberhalb des Sees befindet sich ein Squash- und Tennis-Paradies. Auf 17 Tennisplätzen und 5 Squashcourts findet jeder seinen Freizeitspaß. Aber auch ein Besuch in der Altstadt von Hof und seiner Umgebung rentiert sich. Die wichtigsten Sehenswürdigkeiten in Hof sind das Rathaus, die Hospitalkirche mit Schnitzaltar sowie der Stadtpark „Theresienstein". Mit einer Fläche von rund 70 Hektar gehört der Park zu den größten in Bayern. Er wurde Anfang des 19. Jahrhunderts nach dem Vorbild des Englischen Gartens erbaut. Heute findet hier auch rund um den Sport alles statt, was man sich nur denken kann. Angefangen von einem Trimm-Dich-Pfad und Rundwanderweg bis hin zu einer Rollschuhbahn im Sommer. Eine besondere Attraktion im Stadtpark „Theresienstein" bildet auch der Zoologische Garten mit seinem Streichelgehege und Abenteuerspielplatz, wo jedes Kinderherz höher schlägt. Aber auch Freunde von seltenen Pflanzen werden in dem Botanischen Garten, der viel zur Stadtparkverschönerung beigetragen hat, ihre wahre Freude haben.

DIVER'S – Der Freizeitpark für Taucher

Indoor-Tauchsportzentrum in Aufkirchen bei Erding

Anfahrt

Von München oder Nürnberg auf der A 9 bis zum Autobahnkreuz Neufahrn, dort biegt man auf die A 92 Richtung Deggendorf bis zur Ausfahrt Erding. Nun bleiben Sie auf der Flughafen-Tangente Ost in Richtung München bis zur Ausfahrt Aufkirchen und zweigen nach Aufkirchen ab.
In Aufkirchen befindet sich das DIVER'S im Comfort Hotel & Suites Airport München in der Dorfstraße 15 a, 85445 Aufkirchen.

Beschreibung

Das europaweit einzige Indoor-Tauchsportzentrum befindet sich seit Mitte 1999 nun in Aufkirchen vor den Toren Münchens. In acht Becken mit insgesamt zwei Millionen Litern Wasser besteht die Möglichkeit, vom Schnuppertauchgang bis zum Strömungstauchgang alles zu erleben. Die komfortable Ausstattung und die vortreffliche Gestaltung machen das DIVER'S zur Hochburg des Tauchens für Anfänger, Fortgeschrittene und Berufstaucher. Strömungs-, Höhlen- und Bergungstauchen, Tauchen zur körperlichen und seelischen Rehabilitation, Unterwasser-Fotografie, Schnuppertauchen sowie Tauchkurse für jeden Ausbildungsstand und nicht zu vergessen das professionelle Unterwasser-Filmstudio sind nur einige Attraktionen, die das DIVER'S allen Tauchsport-Begeisterten zu bieten hat.
Das Besondere an DIVER'S ist die Möglichkeit, sich von der ABC-Ausrüstung über den Trockentauchanzug bis hin zur UW-Fotoausrüstung jede Art von Tauchequipment gegen eine Gebühr zu leihen. So haben TaucherInnen die Möglichkeit, immer die neuesten Geräte und Ausrüstungsteile auf Herz und Nieren zu prüfen und zu testen. Jedes Ausrüstungsteil wird mit einem Modellwechsel, beziehungsweise spätestens nach sechs Monaten aktualisiert.
Ein weiteres Highlight stellt die künstliche Rifflandschaft mit den Lichteffekten und der Unterwasser-Soundanlage dar, die das Tauchen zu einem besonderen Erlebnis werden lässt.

Dekokammern

Rettungsleitstelle München
Notruf 089 / 112

Zentrum für Hyperbare Medizin
Notruf 089 / 548231-0

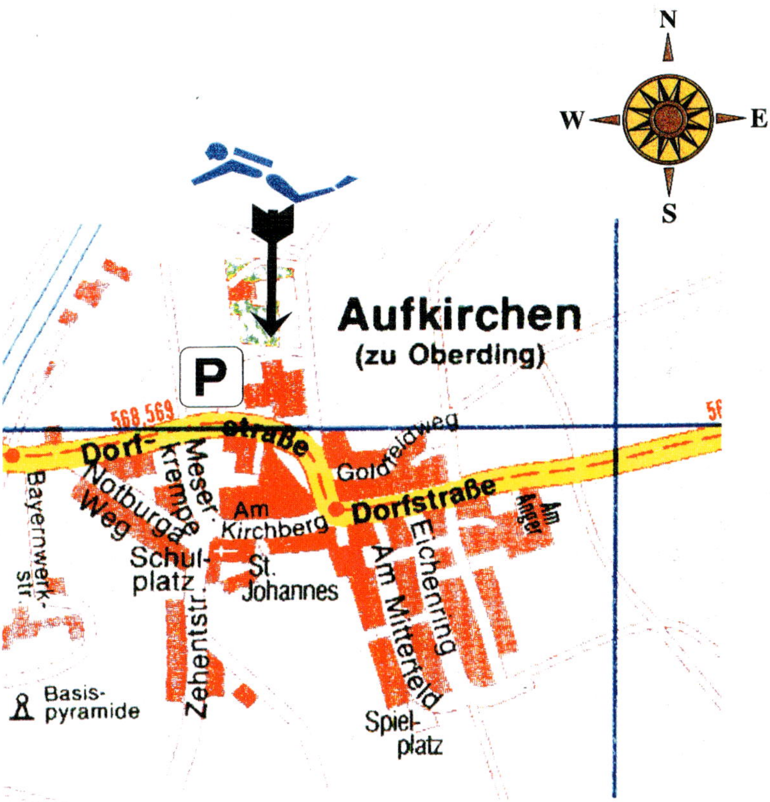

N
W
E
S
Aufkirchen
(zu Oberding)
P
568 569
Dorf-
straße
Dorfstraße
Goldfeldweg
Bayernwerk-
str.
Notburga
Weg
Krempe
Meser
Am
Kirchberg
Schul-
platz
St.
Johannes
Zehentstr.
Eichenring
Am Mitterfeld
Am
Anger
Spiel-
platz
Basis-
pyramide

Flaschenfüllen und Tauchshops

DIVER'S Indoor-Tauchsportzentrum
Dorfstraße 15 a
85445 Aufkirchen
Tel. 08122 / 867205
Fax 08122 / 867867

Submariner Tauchausrüstung
Leopoldstraße 257
80807 München
Tel. 089 / 3597878

Fin-Up Divers Tauchsport GmbH
Engelschalkingerstraße 196
81927 München
Tel. 089 / 93930588

Touristeninfo

Fremdenverkehrsamt München
Tel. 089 / 2330300

Freizeitangebote

Im DIVER'S gibt es darüber hinaus die Möglichkeit, sich ein persönliches Wohlfühlprogramm zu gönnen. Die Bereiche, die dem Tauchcenter angeschlossen sind, bieten die Möglichkeit, sich fit zu halten mit Aerobic, Krafttraining und Fitness, des Weiteren bleibt auch das Thema Schönheit nicht auf der Strecke.
Im Hairstyling-, Nail- und Kosmetik-Studio kann man sich ausgiebig verwöhnen lassen. Wer nicht nur tauchen möchte, der wird von den Dampfbädern, Saunaanlagen, Solarien, Erlebnisduschen und Whirlpools begeistert sein. Zum krönenden Abschluss fehlt dann nur noch ein Besuch im Gastronomiebereich des DIVER'S. Dort laden ein Restaurant mit Coctailbar, eine Fitness- und eine Wellnes-Bar, der Biergarten sowie der Clubraum zu Gaumenfreuden und zum geselligen Beisammensein ein. Damit bei alledem auch der Spaß von Familien mit Kindern nicht getrübt wird, gibt es einen Indoor-Spielplatz mit Betreuung. Durch den Anschluss an das Comfort Hotel & Suites Airport München besteht die Möglichkeit, einen geeigneten Rahmen für spezielle Veranstaltungen jeder Art, ob Firmenpräsentationen, Tagungen oder private Festlichkeiten zu finden. Von Aufkirchen aus steht einem des Weiteren das gesamte Freizeitangebot in und um die Landeshauptstadt München zur Verfügung. Das geht von Tagestouren durch das schöne Bayernland bis zu einem Besuch der ältesten Brauerei der Welt in Freising.
Wer nicht nur in der Halle tauchen möchte, der hat die Möglichkeit, innerhalb von 20 Minuten entweder im Pullinger Weiher oder im Echinger Weiher das Erlernte in die Tat umzusetzen. Allerdings wird mit Sicherheit die Wassertemperatur mit der des DIVER'S nicht ganz mithalten können, dafür begegnen einem aber dort echte Fische.

Für Tarierübungen bestens geeignet: der Tarierplatz im Hauptbecken.

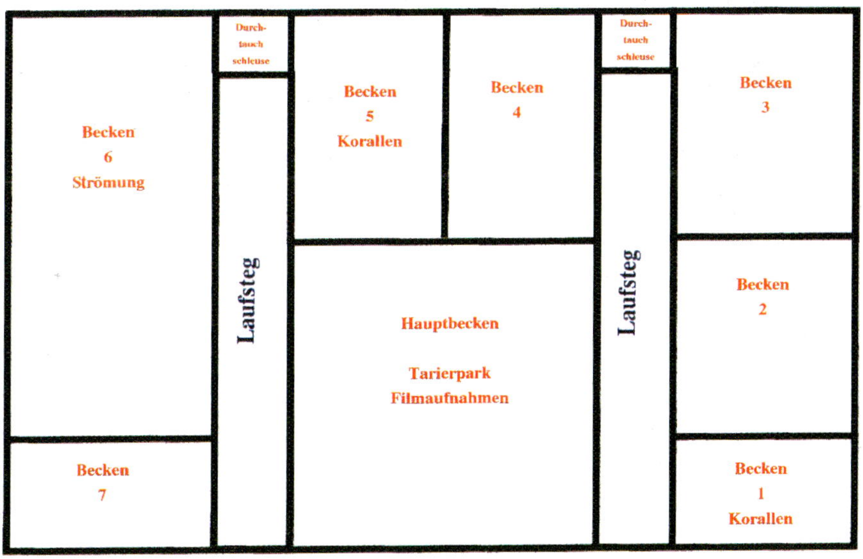

Tauchreiseführer

Herbert Frei
Tauchreiseführer Salzkammergut
Band 2, ISBN 3-89594-012-7

Michael Jung
Tauchreiseführer Bonaire
Band 13, ISBN 3-89594-004-6

Fred Dembny
Tauchreiseführer Puerto Rico
Band 16, ISBN 3-89594-003-8

Matthias Bergbauer / Manuela Kirschner
Tauchreiseführer Korfu
Band 17, ISBN 3-89594-007-0

Herbert Frei
Tauchreiseführer Steiermark
Band 18, ISBN 3-89594-006-2

M. Bergbauer / M. Kirschner / H. Göbel
Tauchreiseführer Rotes Meer – Ägyptische Festlandsküste
Band 19, ISBN 3-89594-009-7

Werner Baumeister
Tauchreiseführer Florida
Band 20, ISBN 3-89594-010-0

Dietmar Reimer / Dieter Britz
Tauchreiseführer Curaçao
Band 21, ISBN 3-89594-011-9

Franz Brümmer / Isabel Koch
Tauchreiseführer Giglio
Band 22, ISBN 3-89594-035-6

Rosemarie Asang-Soergel / Helmut Göthel
Tauchreiseführer Malediven Ari-Atoll
Band 23, ISBN 3-89594-052-6

M. Kirschner / H. Göbel / M. Bergbauer
Tauchreiseführer Sinai–Rotes Meer
Band 24, ISBN 3-89594-056-9

H. J. Roggenbach / P. Sutter
Tauchreiseführer Kanarische Inseln
Band 25, ISBN 3-89594-034-8

Wolfgang Pölzer
Tauchreiseführer Kroatien
Band 26, ISBN 3-89594-069-0

Falk Wieland
Tauchreiseführer Deutschland – Der Osten
Band 27, ISBN 3-89594-070-4

Erhältlich im Buch- und Fachhandel
oder beim Delius Klasing Verlag,
Siekerwall 21, 33602 Bielefeld

Delius Klasing
EDITION NAGLSCHMID